中华先贤人物故事汇

司马光

冷　鑫　著

中华书局

图书在版编目（CIP）数据

司马光/冷鑫著. —北京：中华书局，2023. 2（2024. 4 重印）
（中华先贤人物故事汇）
ISBN 978-7-101-15942-4

Ⅰ.司…　Ⅱ.冷…　Ⅲ.司马光（1019～1086）-生平事迹
Ⅳ.K825.81

中国版本图书馆 CIP 数据核字（2022）第 191097 号

书　　　名	司马光
著　　　者	冷　鑫
丛 书 名	中华先贤人物故事汇
责任编辑	徐卫东　董邦冠
责任印制	陈丽娜
出版发行	中华书局
	（北京市丰台区太平桥西里 38 号　100073）
	http://www.zhbc.com.cn
	E-mail：zhbc@zhbc.com.cn
印　　　刷	三河市宏达印刷有限公司
版　　　次	2023 年 2 月第 1 版
	2024 年 4 月第 3 次印刷
规　　　格	开本/787×1092 毫米　1/32
	印张 4⅜　插页 2　字数 58 千字
印　　　数	6001-9000 册
国际书号	ISBN 978-7-101-15942-4
定　　　价	22.00 元

出版说明

孔子周游列国，创立儒家学说；张骞出使西域，开辟丝绸之路；书圣王羲之，留下了曲水流觞的佳话；诗仙李白，写下了"举头望明月，低头思故乡"的名篇；王安石为纠正时弊，推行变法；李时珍广集博采，躬亲实践，编撰医药学名著《本草纲目》……

这些杰出的历史人物，有的是在中华民族文明进程中做出过突出贡献、对后世产生过巨大影响的思想家、政治家，有的是对中华优秀传统文化的传承传播发挥过重大作用的文学家、艺术家、科学家，有的是为国家安定统一、民族融合团结和中外文化交流做出过杰出贡献的军事家、外交家……他们为中华民族的繁荣发展做出了伟大的贡献，他们的行为事迹、风范品格为当世楷模，并垂范后世。

他们是中华民族的先贤人物。他们的思想、品德、事迹，是中华优秀传统文化的结晶；他们的故事，是对中华民族的禀赋、特点和气质最生动、最鲜活的阐释；他们的名字，在五千年中华文明史上最为光彩夺目；他们为五千年中华文明史书写了最为光辉灿烂的篇章。

为了解先贤，走近先贤，我们精心组织编写了这套《中华先贤人物故事汇》丛书，以翔实可靠的史料为依据，细腻动人的故事为载体，真实地呈现中华先贤人物的事迹、品格和精神风貌，彰显他们的贡献和功绩，激发人们对国家民族的热爱，对中华文明、中华优秀传统文化的崇敬。

开卷有益，期待这套丛书成为你的良师益友。

目 录

导 读

　　司马光，字君实，自号迁叟，北宋天禧三年
（1019）生于光州光山县（今属信阳），因祖籍陕
州夏县涑水乡（今山西夏县），世人尊称他为涑水
先生。元祐元年（1086）卒于宰辅任上，追赠太
师、温国公，谥文正。

　　司马光自幼颖慧，极富勇毅和担当精神，这从
他七岁击瓮救友一事中即可见一斑，此种性格贯
穿了他的一生。延州的朔风、汴梁的深城、屈野河
的沃野，不断砥砺着司马光的精神和意志，使他更
为敏锐，也更加坚韧。司马光在不断的抉择与磨炼
中逐渐成为一个透彻的思索者。当王安石开始变
法时，曾经支持庆历新政的司马光，坚决地反对

变法，因为他知道锐意进取需要时机，国家的前行需要循序渐进。然而，历史这一次选择了王安石，却没有给他更多的机会。最终，变法蜕变为党争，彻底改变了北宋王朝的命运。与此同时，历史并没有放弃司马光——他从政治漩涡中脱身，完成一部《资治通鉴》，成就了自己坚韧的文化人格。

司马光是宋代独有的士人化政治家，更是博采众长、成绩斐然的学者。他贯通经史，也留下了大量的散文与政论文，此外在医学、算数、农学、乐理等方面更是建树颇丰。司马光还是审美生活的创造者，十五年的洛阳生活，留下的不仅是卷帙浩繁的著作，更有一处可栖心灵的居所——独乐园。一座小园凝结着文士雅趣与田园之乐，镌刻了入世情怀和退隐之思。司马光自谓迂直，却是最为深情者，他对父母、师友、妻子、学生的眷爱与顾念，落于纸上，化于字间，又沉在心底。即便是王安石，也从来不是他的敌人，他们一直都是挚友。

可以说，有宋一代，司马光虽未必是"宋世风流"的代表，却实在称得上"真儒"的典型。司马光以其近于迂执的文化性格与始终如一的生命实践，奠定了他在中华文化史上的独特地位。

旧 惠

一

　　自山顶眺望，淮河浩浩汤汤，奔腾涤荡而终无倦怠。当河水与大别山北麓相遇，便随山势而动，三曲三折，复又滚滚东去。晴日每每有水光映上山头，浮光绚烂，故而称为浮光山。此处的州府郡县也多以此形胜得名，州为光州，山南便是光山县。

　　宋真宗天禧三年（1019），农历十月已颇为寒凉，草间白露，瓦下青霜，路上只有寥寥行人，瑟缩前行。光山县的官舍门外却有一文士，披着单薄的直裰，来回踱步，温和的脸上显然带着几分焦急不安。

正在这时，官舍内一声清脆的婴儿啼哭打破了门前的焦灼等待。只见坐婆喜滋滋地从屋里跑了出来，报喜道："恭喜大人！母子平安，生了个男孩。"文士长长吁了一口气，悬着的心终于放了下来，喜上眉梢，连连拱手向坐婆道了辛苦。正举步进屋，却被坐婆笑着拦住，文士随即会意，产房之内自然多有不便，便又走回院中。只是，此时的喜悦早已经驱走了焦急，清寒里似乎也多少有了些许暖意。在他的心中，新生儿的啼哭，有如雏凤的清声，将会为宦游的羁旅带来多少慰藉，为零落的家族带来多少希冀呀。当喜悦慢慢沉淀，文士望向远方，只见入冬后的山水早已笼上一层青雾，显得遒劲而倔强，也许故乡就在那个方向。

文士名叫司马池，山西夏县涑水人，宦海多年，沉滞下僚，此时正任光山县令。涑水司马氏原是魏晋时安平献王司马孚的遗脉，司马孚之孙征东大将军司马阳死后葬在夏县，后世子孙累居于此，逐渐成为当地的大家族。涑水司马氏虽历经五代战乱之苦，却并无流离之忧，遂在族内形成了以耕促读的传统。到了司马池这一代亦是如此，司马池与长堂兄司马浩致力读书，二堂兄司马沂则承担起打理家务的职责。司马沂让整个家族衣食无忧，却在三十二岁早逝。没有多余的思虑，司马浩义无反顾地放弃读书支撑起家计，并养育了司马沂之子司马宣，等到养子成年，又将家业交付给了他。耕与读的互补，使司马氏家族在不离不弃与无私资助中凝成了一个亲亲的整体。

家族历史的显赫与同族侪辈的付出，无时无刻不在提醒着司马池必须面对的责任。如今自己已过不惑之年，却仍旧沉于卑位，无法施展抱负，无法实现重振家声的夙愿，实在使人思之伤情。当年，自己力求科举，应试前夜因担忧母病而彻夜不能寐，弃考返家，然而却再也不能膝前尽孝，成为终生的愧疚与遗憾。忠孝不能两全的愧憾，事功又止的郁结，似乎正成为司马氏家族的宿命。也许，读书人正诚修身而内圣外王的道路必然是以自我的磋磨实现的吧。司马池不禁叹了一口气，他心中着实为这个孩子未来可能遭遇的坎坷而隐隐感到忧忡。

沉思间，一只手攀住司马池，将他从涌起的情感中拉回。回头见是一少年正拉着一个两三岁的小女孩，依到身边。司马池心头再一次涌上温情与暖意，这是儿子司马旦与小女儿。司马旦已经十三四岁，眼中闪烁着赤诚的喜悦，而小姑娘则尚年幼不知世事，脸上洋溢着兴奋。司马旦轻声问道："父亲，弟弟的名字取好了吗？"司马池微一沉吟，看着远山，缓慢而有力地说道："光州，光州，就叫作司马光吧。"司马旦多年来随父亲宦游历练，已经颇为成熟，他自然知道"光"字的含义。父亲就是以出生地的秋浦池水为名，弟弟也以地名为名，父子相承，镌刻在人生起点上的岂不是一份深深的温情与寄托？

二

春光易逝，已是到了春末时节，青梅结出了如豆的果实。此时的司马光早已两鬓苍白，虽然精神矍铄，却也开始留恋起时光来，看着窗外似乎正在消散的春景，有些伤情。妻子张氏捧着新茶进来，见司马光衣着单薄，便顺手将外衣披在了丈夫身上。司马光回过头来，看着又见苍老的妻子，微微一笑为她倒了一杯热茶。两人并肩窗前，张氏指着一棵核桃树说道："你看，今年天气暖一些，雨水也充足，核桃都已经结出来了。"司马光远远看去，果然在浓密的叶间藏着不少半大的青嫩果实，捻了捻须髯，微笑道："说起这核桃，我倒是想起了小时候的一件趣事。"张氏望着司马光因为愉悦的兴奋而微微红润的脸，虽对丈夫的小故事早已了然于胸，却仍旧愿意倾听。在她的眼中，只有这个时候丈夫才能放下天下事，不再忧心忡忡，不再焦灼不安，仿佛还是那个初见时的少年。而且，在丈夫的口中，这个故事也总是回味悠长的。

幼年的司马光与父兄的厚朴稳重不同，聪明活泼，因而被人称为早慧之童。他读书虽然勤勉，但是胡闹起来也多使父亲摇头无奈。一次，有人从故乡涑水带来一些核桃，因为路途遥远，尚在青皮时便已采摘，送到司马光家时还是青涩硬实，只得放在院中，待其自然熟透后再去皮储藏。碰巧司马光与阿姊在院中玩耍，好奇心起，便试着想要剥去核桃的青皮，但是尽管两人百般尝试，却怎么也剥不开。阿姊已渐渐失去耐心，便不耐烦地转身离开。

而司马光却独有一份韧劲，见阿姊离开，也不吭声，心中誓要剥开核桃皮以便炫耀。正自一个人使着劲憋红了脸，在旁看了半天的婢女饶有兴趣地凑过来，帮着司马光将核桃用热水浸泡，果然轻易剥去了青皮。司马光连忙取来小碗，盛了满满一碗剥好皮的核桃，笑嘻嘻地向返回的阿姊炫耀自己的成果。阿姊惊奇地询问司马光怎么这么一小会儿就剥了这么多，以为肯定是别人代劳。孩童的心性往往争强好胜，不愿服输，还是个幼童的司马光自然也是如此，立即争辩说这些都是自己一个人努力的结果。正在争执间，父亲司马池从廊边走出，脸上已颇有些愠色，说道："小孩子怎么可以说谎！"司马光一时间羞愧难当。

晚饭时，司马光没有出来吃饭，母亲聂氏看到儿子独自一个人闷闷不乐，便转身去问司马池。司马池向妻子说了所看到的事情，又说："聪明固然是好事，可多少聪明人最终无所成就，皆是因为故意外露而不懂收敛，又恃之为力，不能进取，最终就会偏于正道，落于人后。"聂氏明白丈夫对儿子的期望，然而心底还是疼爱幼子，便叫来长子司马

司马光盛了满满一碗剥好皮的核桃，向阿姊炫耀自己的成果。

旦，让他去劝导弟弟。作为母亲，她深深知道父母的威严本就是一种慈爱，尤其是作为父亲，身教胜于言传，向子女表露情感，恐怕会使子女耽溺温情，少了自警自励的决心。长子司马旦向来敦厚友爱，对这个弟弟更是颇为关爱，自然不会让骄傲易折的小儿子难受。

过了一会，也不知这位温和的兄长向弟弟说了什么，司马光就出来吃了晚饭，又温习了功课，才和阿姊一起来向父母问安。此时的司马光脸上既没有平日的笑意，也不再显得惶愧不安。司马池见了微微地点了点头，心下却也平添了不少喜慰。阿姊还是一副娇憨模样，出得房来，见司马光少了平日的活跃，就立即拽住他问东问西。司马光说兄长向自己讲述了司马氏家族的历史，还特地提到父亲给自己所起名字中寄托的期望。看着怔在当地还迷惑不解的阿姊，司马光轻轻拉了一下她的衣襟，做了一个狡黠的笑脸，两人相视一笑就一溜烟地跑回了房间。这件事让司马光第一次真正体悟到了父母、长兄对自己深切的关爱，而这种关爱中为之计深远的企盼，更触动了他幼小而敏感的心灵。卖弄聪敏、博取赞扬只会堕于嬉笑，只有明敏内敛才能最终有所精益，也成了司马光毕生奉行的至理。

听到一双儿女跑走，聂氏告诉丈夫，儿子尚在年幼，大可不必早早加给他如此多的负担。而司马池则笑了笑解释道："知道了便可通达，不知道终是浑浑噩噩，不是璞玉也不需要利刃琢磨呀。"聂氏明白丈夫的苦心，虽然担心，但是看到儿子能够领悟进步，心中的喜悦代替了隐忧。

听到这里，张氏噗嗤一笑，说道："你不是回屋了吗？怎么知道这么多事的？还在门口偷听，我看你到底还是没改过来。"司马光搔着头哈哈大笑："什么都瞒不了夫人。"张氏看着堂前所悬牌匾，署名"迂叟"，说道："迂且直，诚也明。夫君骨子里到底还是那个聪明人呀！"司马光望着妻子，微微动情，几十年来相濡以沫，想来现在也只有她最能洞悉自己内心本意了。他叹了口气说道："要是之道兄还在就好了，他明晰事理，定可权变通达以匡扶世事。"庞之道是司马光恩师庞籍的长子，年少时即与司马光相知，后来两人分别娶了张存的两个女儿，既是知己，又为连襟。此时，庞之道夫妇均已仙逝良久，说起来司马光夫妇自然又是一番感叹唏嘘。然而幼年往事，却再次浮上司马光心头。

那是天圣三年（1025），司马光已经六岁。这一年司马池受到西京留守刘烨的举荐，来到繁华的西京洛阳担任官职，并很快受到重用，任知司录参军事，仕途终于有了起色。司马光则理所当然与父亲同僚的子女成了玩伴。当别的孩子玩耍胡闹时，司马光往往是那个在旁边默默观察的人。很快，就发生了击瓮救友的事情，一时间司马光的名字为时人熟知。父亲没有过多的赞许，司马光也并未因之自诩，反而是更多了几分沉静的态度。此后数十年间，击瓮的事情虽然广为流传，而司马光自己却少有提及。反倒是另外一件事情，使他终身铭刻，每每思及，常怀惕厉自省之心。

在洛阳时，司马池与庞籍、张存成为同僚，又因脾性相投成为好友，常常一起谈论世事，印证学问。三人对谈时，司马光有时间便在旁倾听。一次，司马光下学正从父亲书房路过，恰好听到父亲在品评庞籍之子庞之道的文章，赞扬他秉性聪敏，文辞精妙而又意韵深远。司马光听得不觉入神，对于同龄人的优异他自然十分敏感，心中也充满了好奇之心。只听司马池说道："看了庞郎的文章，方知我家尽是痴儿，真是美玉之于顽石啊。若得子如此，复有何求呢？"庞籍忙道谬赞，随即三人哈哈大笑。司马光忍不住好奇，踮起脚尖向里张望，只见一个清秀少年站在三人之侧，目光温润有神，虽是恭敬侍座，却又悠然自得。司马光怔怔看了半晌，屋内人的对话却也未再入耳，心中所感只是钦羡。

晚间司马光去跟父亲讨来庞之道的文章，认真研读，更觉得自己虽然聪慧，却仍旧不如庞之道颖锐，对方所论事理精辟深入，独抒己见时又可婉转自如，而自己的文章则往往穷究一事而不能兼涉其他。细细看后，司马光深深信服，并将自己的想法告诉了父亲。司马池看着儿子真诚的脸庞，颇感喜慰。这位严父少有地将儿子拉到身旁。他知道自己对儿子有多高的企盼，也真正看到了儿子在明敏好学的道路上迈出的这坚实一步。趁此时机，司马池悉心地为儿子讲解其中道理，说道："光儿，圣人说有生而知之者，亦有学而知之者。可是，生而知之者若是不学便会溺惑于机巧，学而知之者若是专心发奋便会养成坚韧不拔的志气。天下聪明才俊之士很多，然而能够做出事业的人却很少，能够名留史籍的人就更少。这是因为有了坚韧和专注才有发挥才智的可能啊。"司马光立即明白父亲的谆谆教诲与满心期望，心中豁然开朗。世间原本没有捷径，看似迂远，却能够"用力多者收功远"。真正的聪敏与智慧，是在坚韧不拔的身体力行与专心一志的勤勉学习中获得的。

司马光从往事的回想中回过神来，窗外的梧桐叶又已垂荫如盖，然而故人已去，使人怀思不已。司马光微微嗟叹，四十余年一晃而过，早是嗒然老矣，然而那时父亲的温言勉慰，和那个少年眼中的光芒却从未有一刻被时光磨蚀。他侧过身向妻子说道："想来之道兄已过世二十多年了，自那次相遇后便倾心向他学习，自幼至长交情日厚，可惜天不佑英才，国失良弼，我失益友啊。"张氏不愿司马光因之伤感，便想说些其他事引开话题，笑道："你可知道那次父亲后来在书房里说了什么？"司马光哑然，随即笑道："还请夫人赐教。"张氏说："自然是许婚了。"司马光倒是第一次听夫人提及，恍然道："我还以为是十多年后在汴梁呢，原来定的还是娃娃亲呢。"张氏听了也笑了起来。

窗外的莺鹧飞上树枝，呖呖地叫了起来。这时虽已是晚春暮景，在司马光的心中却独有一份暖融融的喜乐与安然。

三

妻子张氏的一番话，让司马光不由得回想起那段涌动着青春活力而又意气风发的时光。天色开始暗沉下来，司马光点起一盏灯，走到书架前，寻找着那些留下熟悉名字的书卷。一册册书，一行行文字前，浮现起一幅幅往日景象，一个个身影纷纷来至，又笑着纷纷离去，有益友，也有恩师。司马光抽出一本《古文孝经指解》，指尖微微有些颤抖，摩挲着书页，仿佛又看到这位知遇恩师与和蔼岳丈在灯下孜孜以求的身影。

自天圣四年（1026）开始，司马光便随父亲离开西京洛阳，来到东京汴梁。司马池得到枢密副使兼群牧制置使曹利用的举荐，升任群牧判官。此次推荐艰难异常。曹利用是以公忠为国的决心，推脱掉一众皇亲贵戚与权宦大族的请求甚至逼迫，选定了名单。名单上只有两个人，一个是司马池，另一个则是庞籍。这份被众多政治投机者诋毁的名单，没有任何政治倾向，人选也没有任何政治背景，但在此后数年，乃至数十年中产生了极为重要的积极影响。

司马池对这一推荐十分感慰。首先，曹利用是澶渊之盟的功臣，以一身正气维护了国家的完整。此次推荐只论人品和功绩，说明朝廷开始有了新的气象。其次，群牧判官管理国家军马，虽然官位不高，但关系边疆安稳，所为之事确是保国安民的实事。第三，庞籍与自己一同选荐，下一步应当会择其中一人调任边疆。庞籍当然是最合适的人选，他胸怀韬略，又宽仁体下，既可保国家边境无虞，又可善待被无数次战火所催逼的边民。一举多得，实在是利国利民的良图。

与父亲不同的是，司马光却着实有些闷闷不乐。与庞之道相处经年，友爱之心甚笃，此次虽仍同行，但将来很快就要分离，心中实在是十分不舍。庞之道虽然心中同样难舍，却是更为豁达，劝解司马光道："君子务实。空坐书斋使人疲敝，若能赴临疆场，实可砺君子之志。虽然暂时分离，但士别三日更当精进，待到重逢，岂不是人生快事吗？"司马光闻言而喜，对这位好友的志气与豁达更是多了几分感佩。

来到汴梁后，司马光向学之心更盛，对《左传》更是到了手不释卷、不知饥寒的状态。每有心得，便与庞之道讨论印证，一年的时间两人的水平都得到了极大的提高。不同的是，庞之道读书很轻松，似乎在不经意间便已经领会其中精要，文章辞藻更是不需着力，便能运用自如。司马光则诵读数遍方能记忆，并不断温习加以巩固，直至背诵如流方才罢休。这倒不是因为司马光不够聪明，只是他早已坚定笃实求远的决心。

分别总难避免，庞籍很快调任延州。延州与西夏相接，是国家的西大门，战略地位极为重要。尤其是延州一旦有失，西夏便可挥兵中原，到时西京洛阳、东京汴梁便面临着无险可守的境地。庞籍收到任命便匆匆赴任，不敢有所轻忽。庞之道随父离开后，司马光反倒是愈加勤勉，不仅涉猎经史典籍，对国家政事也更加关心。

童年的时光虽然快乐，却也总是无法挽留，刚刚有所察觉却早已一瞬而过。十九岁的司马光已是丰神俊朗的翩翩少年，略略消瘦的脸庞上写满了笃实，虽然显得比同龄人更加严肃，但是细细看来，仍旧遮掩不住眼中敏锐的光彩。两年前的一篇《功名论》已经使他文名远扬，近来所作的一组《修己箴》则是对自幼年伊始便恪守遵循、身体力行的原则的总结。现在，司马光的思想愈加成熟而稳健，所欠缺的唯有人生的历练。当然，未来的路充满了坎坷，有的人因之而圆滑世故，有的人因之更加骨鲠刚强。刚强者虽然会经历更多的世事磋磨，然而却会闪烁出璀璨的生命光芒。当然，这些都是后话了，现在的司马光还在享受属于他的最美好的时光。

"光儿，光儿，快出来，你看谁来了。"司马池一叠声地催促着儿子，司马光久久才从书页上移开目光，快步走进中堂。眼前之人目光醇和，笑容亲切，使人一见之下便有如沐春风之感。司马光依稀记得，这是父亲的挚友张存，只是十余年不见，他已须发斑白。司马光趋步上前躬身行礼道："张伯伯，您好。"张存望着司马池，笑着说道："庭有秀树，人之福也。"司马池也是笑着连连推让："哪里哪里，虽略有长进，却也还是不成材的。"

张存见司马光行止儒雅，语言得体，心中更是喜欢，也自然而然地想起了一件往事，那时虽然只是一句笑谈，看来今日倒要尽力促成了。张存本就是心思直爽之人，再加上多年老友相见，更不需避讳，但转念之间又想试探一下司马光，缓缓开口说道："家有坦腹儿。"说罢便捻须微笑看着司马池。司马池自然明白，只是微微笑着点点头。两人便又一起望向司马光。司马光只听得半句便已腾地一下红了脸，一瞬间露出青涩少年所独有的扭捏。他看向司马池，见父亲正微微笑着点头，心中便即会意，略一思量庄重地答道："求得井前姝。"张存闻言大笑："好，好，好，还是那个聪明机智的孩儿。"起身向司马池道："那就这么定了。"司马池回道："求之不得，岂不要辗转反侧？"说罢两人哈哈大笑，携手到后厅一叙离别之情去了。司马光站在原地发了一会呆，不知是喜悦还是窘迫，毕竟是人生头一次，这次书卷可也给不了他什么答案了。

其实"家有坦腹儿""求得井上姝"并不是为了考究辞藻对仗，而是许婚。张存的上句以东床快婿为典，说的是东晋名臣王旷之子王羲之不被名位所累，坦腹东床却被郗鉴选为女婿的故事。张存以王羲之为比赞扬司马光的风采气度，以王旷比喻司马池是对老友的敬重，而张存此时早已名满天下，以郗鉴自比，也是颇为恰当。

司马光的回答则不仅字句工整，意思也十分贴切。同样以《世说新语》中的故事为典，说的也同样是王氏子弟。西晋汝南内史王湛性格冲和简淡，沉静温顺，年轻时因为少言寡语，人以为痴。家里人怕他将来讨不到媳妇，便让他早早选婆。王湛便说想要婆邻居郝普家的女儿，婚后大家发现新妇姿容秀丽，贞洁端庄，都觉得十分奇怪，便向王湛询问是如何知道郝氏贤淑的？王湛解释说，有一次看到一个女子在井边打水的背影，虽然工作繁重，却依旧姿态娴雅，毫无粗鄙之态，因此判定她是一位贤良淑德的女子。由此，大家对王湛的看法也大为改观。司马光以王湛自谦，又以郝氏比喻张存之女一定是贤淑佳偶，更以"求得"说明自己的意愿，化解了长辈先行提出婚约的不谐，可谓用典恰当，意思融洽，故而获得张存的赞赏。当然，司马池也对老友的提议深感喜悦，以《诗经·关雎》作典，为两个年轻人送上了最好的祝福。

婚期选定在明年，而此时的司马光却无暇顾及婚事。他要做的是应对明年的大考，这是他初试锋芒的第一战，而且庞之道也要一同参加大考。

灯影下，司马光轻轻合上书页，当年金榜题名与洞房花烛的喜悦早已淡去了，只有岳丈在齿位殊绝时所给予的关注，却如一股温暖细流汇入心田。

弘　毅

一

残梅尚在，新柳始绿。景祐五年（1038）的孟春时节，料峭的春风中虽渐渐有了些许暖意，东升的旭日却还未爬上窗棂。书屋旁的修竹随风簌簌响动，窗前案几上还闪烁着豆大的灯火。伏案执笔的司马光面目清俊，二十岁的脸庞青涩尚未脱尽，专注的目光中却早已满是成熟稳重。笔下尽有千言，是去年刚刚完成的《修己箴》《勇箴》《逸箴》。

誊抄各箴既毕，又检视良久，待到确无一字疏漏，司马光才缓缓站起身来，准备舒活一下筋骨。此时，和暖的春光已洒进书房，暖融融地让倦意一扫而空。窗外竹边细草茵茵，小园仅有三丈，而此刻却也尽可骋心抒怀了。

这时，父亲司马池从园外走来，面容平静一如旧日，可脚步却比平常匆促许多，近来他的心绪并不宁静。儿子对待科举的态度，使他颇感心烦。其实，依照朝廷成规，司马光在十五岁时就已借由"恩荫"获得郊社斋郎的官职，几年后会迁升为将作监主簿。可司马光却以侍亲读书为由，迟迟不愿真正踏入仕途。对此，司马池倒是颇为赞同，毕竟"恩荫"并非读书人入仕的正途，唯有读书科举，以才德获得国家的选任和拔擢，才是正道坦途。然而，时光匆匆，一晃多年，司马光潜心用功却从不提科举之事，这就着实让司马池心中有些忐忑不安了。

尤其是近来关于"别头试"的流言蜚语愈加甚嚣尘上，为贵戚子弟而设的恩科特选终于再次引发舆论。将来一旦情势转变，恐怕司马光便是有心科举，也难有机会参加选试了。司马池已宦海沉浮数十载，曾因秉性耿直而沉滞下僚多年，对下层士人穷尽一生也无法突破的政治壁垒，他心里比谁都清楚。更何况，当前整个帝国官僚体制的问题都在日益凸显，敏锐的政治嗅觉让他清醒地意识到，这些问题的存在，正成为儿子这一代人必须面对的政治宿命。近百年的积弊，二十岁少年所面临的抉择和担负，关乎的已然不是一人与一家的荣辱，而是整个帝国的未来。这样的负荷与重压，司马光有勇气承担吗？他又有力量来承担吗？

司马池推开房门，见儿子正在窗前，桌上平铺的卷纸墨迹犹新，点了一夜的灯台刚刚熄灭，灯烟一缕飘荡散去。他心中有些许不忍，但还是稳了稳心神，说道："光儿，又读了一夜书吗？只穿一件单衣，莫要冻坏了身子。"

司马光急忙转头，躬身请安道："父亲，天色还早，所以尚未去向您和母亲请安。"说着司马光脸上竟有些惶恐。父子二人性格皆端方朴直，以往谈话对于起居生活的琐事很少温言慰问，仓促间司马光显得有点不知所措，但还是接着说道："这几日，以往一些懵懂未通的问题渐渐豁然开朗，所以不敢懈怠。用心思考之余，又把之前所做的几篇文字细细通读誊抄，期望能更有所得。正好夜间清静，就多用了会功。"说完抬起头看看父亲，见司马池脸上露出笑容，心中不觉泛起阵阵温暖。

司马池招手示意儿子坐下，说道："能够沉下心来孜孜以求，固然是好事。但若两耳不闻窗外事，不知世事变化，不能学以致用，恐怕也只能做做纸上文章罢了。"司马光听出了父亲言语中的劝责之意，急忙束手起立，恭谨地点了点头。司马池脾性耿直，见儿子已经有所触动，便直入主题，说道："自任将作监主簿以来，看你日日读书，学问确实有所增进，但是却不涉公事，未能有半点事功。你是嫌弃官职卑小，还是对世事存有畏难情绪？"司马池的语气始终平静，但是责难的味道已颇为明显。司马光当即肃然正色道："孩儿任性，让父亲担心了。只是心里想着，国家交付的权柄并没有大小与尊卑的区分，为官是公义而非私利，同是为国为民，只不过是司职与作用不同。入仕更不应争先恐后，只有才德足以胜任，才有接受相应官位的资格。国家虽以'恩荫'授予我官位，但自觉不能胜任，所以才迟迟不敢赴任。希望通过静心读书，提高自己，使才德完备，才敢承担职责。"

司马池看着儿子，心中充满欣慰。但这欣慰也使他更担心儿子未来的路。当前科举已经变成多方势力逐鹿的猎场，达官显贵希望通过科举巩固门第、扩充势力，贫寒士子冀图通过科举跻身显达、光耀门庭。以文教礼乐治天下的庞大帝国，在通过科举不断拉拢贵族、网罗才俊的过程中，因之产生的种种弊病也在悄然蔓延。仁宗皇帝与朝廷试图平衡各方利益，却在阵痛与妥协的抉择中步履维艰。司马光需要面对的并不只是一场单纯的科举考试，而是如何在即将形成的政治漩涡中找到帝国前行的方向。

司马光见父亲只是点了点头，脸上仍旧还带着忧虑，知道今天不应再有所隐藏了，他需要把自己的所思所想告诉父亲，把自己的人生抉择告诉父亲，让他不必再为自己的游移不定而担心。司马光将书桌上的文稿捧给司马池，说道："父亲，请您不必再担心，我准备今年应试。您看，这就是我为今年大考做的准备。另外，科举乃是国家选贤任能的大计，我当以诚心待之。若得以选用，则以《三箴》自励。如果不得，当退而结网，明年再接再厉。"司马池微微沉吟，说道："我担心的倒不是这些，只是你脾性耿直，不善权变，稍有不慎就会卷入祸福叵测的境遇，又不懂得留有转圜余地，到时恐怕难以保全自己。"司马光明白父亲的担心，近些年跟随在父亲身边，接触或听闻了不少官场事情，有时也常思虑自己身处其中该如何自处。不过，今日司马光心中已经有了答案，通达与豁然使他无所畏惧，信念坚定后的平静反而充满力量："父亲，儿子明白您的担心。我以为，科举入仕绝非邀功希宠、博取名位的捷径。相反，一旦入仕便应以身许国，《尚书》中原就有'人心惟危，道心惟微；惟精惟一，允执厥中'的训言，若事事皆能秉公执中、为国为民，便足以无愧于心，至于个人名位荣辱，非我所求，原也不必挂怀。"短短几句话，司马光说得激越昂扬，也深深触动了司马池。在司马池眼中，这个仅二十岁的儿子，除了有同龄人少有的沉着稳重之外，从心底深处喷薄而出的昂扬激情和责任担当也远超侪辈。

话谈到这里，父子二人心中所有的答案都已明了，对任何现实琐屑问题的探讨都已索然无味。父子之间心意相通，更增添了无限的温暖与力量。司马池如释重负地站起身来，拍了拍儿子渐渐宽厚的肩膀，微笑里有欣慰，也有鼓励。司马光看着父亲渐有老态的背影，躬身行礼，眼中已噙满泪水。他明白父亲的担忧，前路漫漫，惟愿此心无恙。

二

又到三月，春意正浓。夕阳穿过烟柳，斜斜地照在汴梁城上，嫣红的天光在云气的折映下幻化出旖旎的色彩，帝国的都城坐落其间，显得恢弘绚烂，同时也增添了不少朦胧与神秘。家家户户都掌起屋灯，街市勾栏还依旧喧闹，而宫禁中则显得寂寥无声，只有文德殿内灯火通明。

宋仁宗赵祯一向以宽厚仁和著称，不论是面对言官的面折，还是皇后的失范，他都能隐忍包容。今天不知为了何事，仁宗的脸寒若冰霜，愤怒在心中不断横冲直撞，几乎要突破束缚。右司谏韩琦、同知礼院宋祁、大理评事苏舜钦三人都面带惶恐，噤若寒蝉。一时间，大殿上气氛凝滞，只有灯影还在恍惚摇动。

仁宗皇帝率先打破沉默，语气低沉地说："抡才大典应当是国家选贤任能的盛事、好事，如今却搞得舆论哗然、议论纷纷，不仅成为市井笑谈，更有一众士子准备联名抗议。事情闹到这般田地才来告诉我，你们这个官是怎么当的？"仁宗随手将桌上一摞厚厚的奏折甩落在地，慌得韩琦、宋祁、苏舜钦三人急忙跪倒，战战兢兢不敢起身。又是好一阵沉默，宋仁宗才长长地松了口气，意气萧索地说道："众卿平身请起，朕一时未能制怒，不要放在心上。"三人慢慢站起身来，韩琦率先道："皇上，事情未必没有转圜的余地，臣以为当前舆论哗然，仅是因为权贵子弟以'别头试''锁厅试'为由，趁机钻营，使科举不公，因而引发士子议论。当前之计应当在明日唱名仪式之前将其除名，到时议论自然就没有了。"仁宗颔首道："也只好如此了。"

仁宗皇帝处事向来持重谨慎，他的话虽说出了口，可心还放不下，瞥见宋祁、苏舜钦二人均低头不语，觉得事情尚有蹊跷，不免心中狐疑。转念间，他似乎意识到了问题的关节所在，问道："考中者都有哪些人？因何引致争论纷纷？"听到皇帝的询问，韩琦的额头上不由渗出冷汗。宋祁、苏舜钦也不约而同地看着韩琦，他们虽然知道韩琦的苦心，却不知韩琦将如何应对。

韩琦缓了缓，正准备回答，谁知仁宗等得不耐烦，已经转向苏舜钦，并问道："子美，朕知你忠正敢言，又深孚士子人望，你说一说，要知无不言，言无不尽。"苏舜钦听罢先行跪倒，说道："今年解试考中而多遭议论者有陈博古、韩绛、韩绎、韩维、韩缜、章仲昌、范镇等人。"仁宗沉吟道："陈博古、韩绛、韩绎、韩维、韩缜，这几人名字好熟？"韩琦知道事情的严重性，所以不愿苏舜钦因之受责，便把话接了过去，奏道："陈博古乃是同中书门下平章事、集贤殿大学士陈尧佐第五子，开封府解试录为首名。韩绛、韩绎、韩维、韩缜均为参知政事韩亿之子。章仲昌是同中书门下平章事章德象之侄。范镇为陈尧佐门客。"仁宗听到后来，已然面色铁青，气得发抖："好哇，三个宰辅之臣，朕倚为股肱，视为国家庭柱，私下里竟做起'一人得道，鸡犬升天'的事，真是为国选得好人才。难怪士子要议论，不去造反已经是给朕天大的面子啦。"说着仁宗拍案而起，指着韩琦道："韩琦，你好大胆子，竟敢知情不报！妄称忠正谋国，却原来这般徇私偏袒，右司谏的官位是给你这种人设立的吗？"

韩琦急忙跪下，宋祁眼看情势不对也急忙跪下，奏道："陛下，还请息怒，臣有事禀奏。"仁宗气得转过身去，只摆摆手让宋祁发言。宋祁道："韩琦所为公忠体国，还请陛下查鉴。"仁宗向来知道韩琦、苏舜钦、宋祁三人品行端正，均是能抗颜直谏的直臣，只是这次的事情过于出乎意料，听宋祁如是说，又转过身来，道："你说。"宋祁继续奏道："科举制度始于隋唐，初设每年仅举士子七十余人。至于今日，我朝以文治天下，又特增设'恩科'等项，每年举士千余人，科举一途成为士子进身通途。人人争竞，考中者固然欣喜若狂，未中者则多心怀怨怼，人言籍籍，难免有狂言妄语。况且贵戚与穷士共争一事，穷士登科则无事，贵戚子弟上榜则指为舞弊，故而有虽至公而不公的弊端。"

仁宗脸色缓和下来，说道："你们都起来吧。宋祁，依你之见，还应依照榜单取士吗？"三人站起身来，宋祁接着说："臣以为，还应当依照韩琦所奏，唱名仪式之前，将陈博古等人除名。"宋仁宗愈加疑惑："这是为何？"宋祁道："这就是微臣请陛下明鉴之处，韩琦所奏举措，实为公忠体国、为陛下分忧的唯一办法。所谓'虽至公而不公'，就是说虽然事情处理得公允，但实际效果却显得不公平。陛下试想，穷生处士若想进身入仕，唯有科举一途。但官宦子弟就大不相同了，通过科举、恩荫都可以入仕。穷士十年苦读尚不能一朝中举，官宦子弟一旦独占鳌头，怎不使人口谤腹诽呢？若事事执中，反而会过犹不及。比如秤杆，有时偏向一方才能获得平衡。"仁宗皇帝若有所思，默默点了点头。

宋祁继续说："韩琦清楚其中的利害关系与是非曲直，更知道引发议论的士子多是宰辅子弟、门客。就是因为其中牵涉重大，所以若由陛下亲自处置，便会产生诸多问题。其一，若处置不当，则会有伤朝廷颜面，使功臣勋旧气沮。其二，涉及重臣，容易落人口实，引发政争，使朝局动荡。其三，若将来引为成例，使贵戚子弟无法科举，同样也是有诸多弊端。因此，韩琦的意思就是由他处置，以解君父之忧。"仁宗听罢，感慨万千，快步走下来，牵过韩琦的手，一时却也说不出话来。

苏舜钦随即奏道："陛下，韩琦所奏虽未能曲尽原委，却实在是出于一片忠君爱国的赤诚之心。只是，臣以为，即便如此仍旧有许多不妥的地方。首先，即使事情由韩琦处置，但仍需经朝廷批准，因此结果就非韩琦一人所能承担。其次，据臣所知，除章仲昌外，其余如陈博古、韩绛、韩维、韩缜、范镇等人尽皆品行端正的饱学之士，一旦废黜，使才俊失路，也违背了科举选贤任能的初衷。这几人中又以范镇最为沉毅刚正，且素有文名，仅仅因为是宰相门客，便予以除名，实在是太过可惜了。其三，陈尧佐、韩亿、章德象全部位列宰辅，世所属望，在处置之前，仍然需陛下先行劝解，善加抚慰。只有这样，事情才能得到妥善处置。"

宋仁宗听罢，背着手在大殿上来回踱步，静静思虑，韩琦、宋祁、苏舜钦在旁静候。大殿的窗外，一轮明月从云彩后探出头，光华皎洁，将松柏的倒影映照在殿阶上。大殿里传来宋仁宗清亮的声音："传陈尧佐、韩亿、章德象。"远远地，只看见传谕的宦官急匆匆地跑出来，消失在大殿的拐角处。

这一夜静悄悄地过去了，表面上似乎什么都没有发生，但是帷幕后的坦然承担、悉心考量与从善如流却形成了一股无形巨力，在巧妙地维持着平衡，推动帝国的前行。

三

清晨，汴梁的街市又重新充满了活力，河道上船只穿梭往来，岸边桃红柳绿，酒肆的小旗也在清风中徐徐飘动。司马光与庞之道、郎景微骑马同行。庞之道是司马光旧友，而郎景微则是应试期间新结识的朋友，三人年纪相若，家世相仿，又都是今年的新科进士，于是相约入宫，参加科榜的唱名仪式。

马蹄轻疾，三个人的神态却各有不同。司马光神情庄重，没有半点矜夸欣喜的颜色。庞之道则永远都是一个轻松的乐天派，一副怡然自若的样子。而郎景微却颇有一些自得的神情，鲜衣怒马，唯恐不能看尽长安繁花。

郎景微率先说道："两位年兄，可知道陈博古的事情吗？"司马光与庞之道都有些愕然，两人也是早上刚刚有所风闻，但传闻隐晦，似乎另有隐情。司马光持重，庞之道谨慎，虽心中都有疑惑，却皆不愿豁然提及。郎景微见状，以为二人并不知情，便故作神秘地说道："因为陈博古、韩绛、韩绎、韩维、韩缜这几人是宰相的儿子，其中陈博古又考取了开封府锁厅试的头名，所以一开始便有人认为是徇私舞弊，不少人对此议论纷纷。而他们也实在是不知避嫌，竟然还又参加了省试和殿试。这下好了，越闹越凶，结果昨天晚上皇上把几位朝廷重臣都召进宫里，听说是将试卷、名次全部废去了。"庞之道眼中立即闪过一丝狡狯，说道："哦，郎兄，果然有此事吗？"庞之道颇为真诚而又带着几分怀疑的语气，让郎景微更加想一吐为快，马上说道："怎么不真呢？这是宰相家中传出的消息。

昨天陈尧佐、韩亿、章德象三位宰相都被召进宫里，皇上亲口所说，除了以上几人，章仲昌也被除名。听说范镇本应除名，经过几位大人的保荐，才降低等次予以保留。"庞之道感叹道："原来如此，郎兄真是消息灵通啊！"郎景微没听出庞之道话里的讽刺味道，还颇为得意。

司马光与庞之道本就契洽，当然也不会点破，然而此时他更关心的是这个叫范镇的人。司马光历来不太关心士林中的传闻逸事，但是对范镇的名字却极为熟悉。范镇，蜀地华阳人，十几岁便极有才名，时任枢密直学士、知益州的薛奎，一见范镇便赞许他为"庙堂之人"，认为范镇将来可以成为国家梁柱。后来范镇来到汴梁，当时早已文名远扬的宋庠、宋祁兄弟读了他的文章，也都自叹弗如，因而与范镇结为布衣之交。范镇的文章言辞坦荡，义理精辟，使人倾服。司马光也读了不少，深感范镇所论观点多与自己不谋而合，甚至更为清晰透彻，这就让司马光更是衷心感佩，心底里早就期望着有机会拜会结交。但始终缘悭一面，今天再次听到这个名字，让司马光有些迫不及待想要一见了。

郎景微还在说着一些士林传闻，可又多攀扯到此次科举，庞之道尽管有些不耐烦，但还是偶尔支应几声，司马光则板起脸来说道："郎兄，这次科举的事情，恐怕不当议论。"郎景微正说得高兴，微微一怔，问道："为何？"司马光正色道："科举乃是国家制度，道听途说而又擅加议论，自然不该。陈博古、韩氏兄弟、范镇等人，都是饱学之士，且素有文名。朝廷虑及天下士子人心，才加以废黜。所以，并不是陈博古等人没有真才实学，只是朝廷要有所取舍罢了。朝廷能够顾及人心，宰辅懂得谦逊退让，才学之士遇到沮逆而不怨怼，我们还有什么理由加以评论呢？"郎景微怔怔地说不出一句话来，脸憋得通红。司马光继续说道："所以说，有志之士不会因为得举进士就沾沾自喜，因为那只是一个虚名。只有'蹈仁履义，以德自显'，以身作则为国家做出实实在在的功绩来，才符合圣人'立功立德立言'的教诲吧。"郎景微虽然言行稍有轻佻浮躁，但仍是诚恳敦厚之人，马上诚恳地说道："君实兄，承蒙教诲。以后自当以此为戒。"司马光微微一笑，也不谦辞。三人策马前行，皇城宫苑已然在望。

大庆殿是宫城的正殿，历来重要的国家庆典都要在此举行，唱名仪式更不例外。殿内仁宗皇帝正中端坐，文武大臣位列两班。殿外举子们按照名次排开，等候唱名。

司马光等人已经换上了礼服。大红色的袍服，用料、黼绣都极为考究精致，外面还笼以细纱。司马光向来崇尚简朴，对这样的奢华与铺张原有些抵触，脸上写满了拘束别扭，庞之道见了心里暗暗发笑，对这个实在是有些迂执的好友，倒是希望他能够在这种不安中学得圆滑一些。

这时，两三个内廷侍者，捧着宫花走上前来，准备为中举士子佩戴。司马光位列第四，站得靠前，看着绣以金丝的绢花，皱起眉头。侍者走上来准备为司马光佩戴，却被司马光摇手拒绝。看着这位举子坚决的表情，侍者愣在当场，这么多年，这还是第一次有人拒绝佩戴，真是咄咄怪事。郎景微在后面看见，心下着急，想上前劝阻，可是回想起来时司马光的批评，竟又不敢，忸怩了一阵子，只好拽了拽庞之道的衣袖，朝司马光那边努努嘴。其实，庞之道早就看见，他自然了解司马光的想法，本想让司马光受些窘迫，磨砺棱角，但想了想还是走上前去。庞之道向侍者拱了拱手，接过绢花，在司马光耳边轻语几句，便为他戴上绢花。这次司马光也不再抗拒，竟将绢花在胸前调试摆正好，一脸严肃地等待唱名。庞之道也返回队列，郎景微颇感神奇，急忙凑上前询问。庞之道微微一笑，说道："在家故为奢靡，在国即为礼仪。"郎景微对此深感钦佩，也恭恭敬敬地站回到队列当中。此时，队尾一双沉静的眼睛也同样看到了这一幕。

唱名开始，大殿中每唱到一人，殿外举子就应声入殿，觐见皇帝。但唱名刚一开始，举子队列的后面就发生一阵骚动。宋代举试时，举子对于名次持有不同意见，可以在唱名仪式的时候提出异议，如果得到认可就可以对名次调整，当时的文坛宗主欧阳修就是在唱名仪式上申辩，并调整了名次。举子队尾的骚动便与这一惯例有关。数十个举子围绕在范镇周边，鼓动范镇提出异议。举子们都认为范镇本是礼部所奏的头名状元，应该申辩。然而骚动的中心——范镇却沉静端严地站在原地，丝毫不为

司马光不再抗拒，将绢花在胸前调试摆正好，一脸严肃地等待唱名。

所动。反复几次后，众人见范镇毫不响应，也就渐渐地安静下来。直到司礼官唱到第七十六名，范镇安静地进入大殿，觐见完毕后又安静地走出来，议论声才终于止歇。队首的司马光看得清清楚楚，心中的敬慕不由又增添了几分。

唱名仪式后是琼林宴，由皇帝在琼林苑赐宴，祝贺并勉励登科的举子。宴席结束，举子出了宫苑才有机会相互寒暄几句，司马光却拽着庞之道急匆匆地就往外走，庞之道连忙向身旁几人致歉并作别。庞之道明白司马光为何如此着急，其实他也不愿做多余的寒暄客套，当下也不多问，跟着司马光走了出来。郎景微看见二人离开，也急忙跟了过来。

三人赶出去一段路，才看到前面一个人正子子而行，身材英伟，步态庄重，一如在大殿上的沉静。司马光加快步伐跟了上去，说道："范镇先生，请留步。"范镇转过头来，见是三人，便道："君实兄，有何指教？"司马光问道："先生今天为何不加申辩呢？"范镇见司马光问得急切，反而微微一笑，反问道："那司马年兄今天为何开始不愿意佩戴宫花，后来又愿意了呢？"司马光回答道：
"丧乱之源，由于骄侈。入仕者当以为戒，所以不
愿佩戴。后之道兄加以开导，国家礼仪不可因之
而废，所以才又佩戴。"范镇鼓掌说道："好！好！
好！国家礼仪不可废，国家制度亦不可废，国家所
订所立何须申辩？况且是头名状元还是进士榜尾，
原本就是虚名，能担得起国家天下，不负亿兆生
民，才是应有的本分。"司马光等三人听完，难以
抑制心中的激越与昂扬，一起向范镇躬身行礼。范
镇整理衣冠后也躬身回礼。四人相视，哈哈大笑，
执手同行，相约寻个酒家畅谈去了。

　　一晃三十年，红桃绿柳，青霜白雪，走了又
来，来了又走，昂扬少年终于也白了头。洛阳东南
独乐园的种竹斋内，两个久未谋面的老友，再次喜
悦相逢。范镇早已致仕，借着游历山川的机会来到
洛阳看望司马光。礼物没有带，带来的是八篇《乐
语》，可司马光却比收到什么都高兴。可是，两个
都有些固执的老人很快便又争得面红耳赤，谁也说
服不了谁，争了好几个晚上。一天傍晚，两人决定
以投壶决出胜负，这次司马光赢了，开心地喊道：

"大乐还魂矣！"

　　两个人一起喝酒，范镇端起酒杯，感叹道："可惜之道兄不在了，若是有他在，一定能帮我说服你。真是天妒英才呀。"庞之道早已谢世，但范镇几句无心的话语又把两个人的思绪拉回到那个春日的酒家。春风和暖，酒家临着运河，范镇、司马光、庞之道、郎景微把盏畅谈，尽抒胸臆，少年意气而又志同道合，真是畅快！想到这里，司马光眼中全是泪水，站起身来，挽着范镇，月影下仿佛又是四人对饮。他为范镇倒满酒，说道："士不可以不弘毅，任重而道远，需要我们做的还有很多呢。"

与 政

一

　　少年快事，莫过于金榜题名、洞房花烛。宝元元年（1038）的三月，司马光一举登科，很快又与张存之女完婚，正是志得意满的快意年岁。然而，年轻的司马光却愈发感到身上的责任与重担。在这一次风云诡谲的举试中，司马光第一次直面了政治运行的真相，即不以个人意志为转移的原则，不论是皇帝的意志，还是其他某一个人的想法，在政治风潮与趋势面前都显得单薄而无力。司马光明白，政治本身是一场利益的博弈，优秀的政治家就是要将正面的利益最大化。然而，在这次科举事件中，司马光却很难找到谁获得了真正的利益。贫寒士子的呼声具有毫无疑问的合理性，然而将实有才学的贵族子弟作为牺牲品，对于解决问题却毫无意义。虽然暂时平息风波，但在未来却既不能保证下层士子的上升通道，也关闭了部分才学之士的入仕途径，可以说是一举而双失。

此时的司马光早已遍览史籍，自然明白历史上各个时代都存在着不同的利益纷争和政治风潮。最为优秀的政治家不仅要平衡各方利益，更要能够在错综复杂的头绪中，寻找到乘一总万、举要治繁的关节点，将政治风潮引向于国于民最有利的方向，并将多方合理的利益最大化。然而，这对政治家的魄力、勇气，尤其是施政才能都是巨大的考验和挑战。

司马光不禁对自己是否有足够的能力在政治狂澜中保持清醒的认识、坚定的决心很是怀疑。在坚定的范镇与通达的庞之道面前，自己的不足如此显而易见，过于执着和不够圆融的性格在未来的道路上恐怕会遇到不少艰难险阻。未来的路该如何走？司马光第一次感到了困惑。但他很快找到了解决的思路。

大考之后，同年好友不得不面临分别了。范镇除授新安主簿，很快就要启程赶赴任所，庞之道则奏报朝廷重新回到庞籍身边担任官职。三人少不得把酒作别。汴水汤汤，绿柳青青，酒淡而情厚，舟车虽已备好，行人却久久不愿启程。舟夫又来催促了，范镇只得起身拱手道："身已许国，岂可纵情而任性，还请善自珍重，有待日后重逢。"司马光与庞之道也站起身，将杯中酒一饮而尽。挥手作别，范镇已在船上，忽然转身问庞之道："使君本可留任翰林编修，前程远大，又何必请辞而受边塞之苦呢？"庞之道答道："《礼记》云：'玉不琢，不成器。'今日朝廷事多而不能断，渐有积重难返之势，留待将来，非要有决绝专断而不能逆转。君言'以身许国'，我又岂能不锐身自任呢？"范镇原本就已猜到庞之道的用心，如今听来恰好印证，不禁为之感动，却也不再说什么，拱手作答，启舟而去。

听者有心。司马光送走二人后，心中反复思量着两人的对话。刚从书斋中走出的读书人，在面对世事时渐渐有了纸上得来终觉浅的感触。未经琢磨，不知世事，岂能锐身自任呢？这正是他近来反复思量的问题和累积心间的郁结，虽然早已明白仅凭书生意气最终于事无补，但直到今日，庞之道的选择方为司马光提供了新的思路。

很快司马光的任命也传来了，父亲司马池除同州知州，司马光被任命为奉礼郎、华州判官。同州治所在今天的陕西省大荔县，华州治所在今天的陕西省华县，相距仅有百里。父子能够毗邻为官，自然不是偶然，首先是朝廷制度允许，其次也有司马光自己的考虑。司马光需要有足够的空间获得历练，当然也需要一位领路人在关键时加以指导。而且，二十余年未曾分离，孺慕之情实在难以割舍，加之父母年事渐高，也着实放心不下。相距仅一日路程，自然可以时时问安请教。接下来司马池迁任杭州，司马光也来到苏州判官的任上。能够兼顾公事与亲情，这一段时间对司马光来说心中倒也安稳。

然而，世事维艰，平安喜乐很快过去，随后来到的一系列沉重打击使司马光几乎无力承受。来到苏州的第二年，母亲聂氏溘然离世。这位充满智慧、对幼子有些偏爱的慈母突然离世，使得司马光仿佛失去了所有力量，不加多想立即上表辞官，回到家中为母亲守孝。

母丧的悲痛尚未消退，另外一个噩耗又悄然袭来。被仁宗皇帝赞誉"爱惜名节，是真君子"的司马池被人弹劾。两浙路转运使江钧、张从格以"决事不当""稽留德音"的名义弹劾司马池，称司马池在处置事情时有不当的地方，并且未能及时将朝廷颁发的宽免诏书传达。这对于爱惜名节胜于性命的司马池来说，无疑摧垮了他的意志。即便如此，当张从格的姻亲因为偷运货物被人举报时，司马池仍旧坚守了自己的原则，没有攀扯弹劾张从格。可是，看着日渐消沉的父亲，司马光心中极为清楚，在父亲的心底，受损的自尊和名节再也无法补救。司马池随后从杭州调任虢州，又从虢州迁任晋州，一年之间连续迁转，使司马池本就郁结难纾的内心跌入深渊，生命也走到最后的关头。

兄长司马旦和司马光将父亲的灵柩运回家乡，葬在涑水南原。结庐守墓的司马光已经在悲痛中骨瘦如柴，却仍旧不食荤菜，不着锦帛，即便是寒冬也只是草席薄被。朋友看不下去了，便想要劝止司马光，他却说："父母之于子女，不仅仅有生养之恩。在出生后的三年里都需要时常抱在怀里。这样的恩情，用三年的守孝都不能报答，更何况去食用精致的食物，穿着美丽的衣物，睡着温暖的床榻呢？如果可以的话，又于心何安呢？"

为守制所搭建的一座简陋的木屋里，寒风从墙隙中不断地吹入，将一盏如豆的灯火吹得忽明忽暗。司马光伏在案几上读着庞籍寄来的碑铭，泪水再一次止不住地流下。父母双亲的接连离去，使他突然感到一种从未有过的孤独。

二

终于，春草又一次从枯叶中探出了头。从离开苏州为母亲守丧开始，已经过去四个春夏秋冬。司马光仍旧不愿意离开，缱绻眷恋之情丝毫未见消减。

守制期间，司马光目睹因宋与西夏战争而流离失所的百姓，被籍没家产，被流徙充军，未加训练就被送上残酷的战场，要么战死，要么因伤残而无法耕种生活，要么从此过上颠沛流离的生活。激愤之余，司马光连续写了四道《乞罢陕西义勇》的札子寄送朝廷，虽然人微言轻，未能改变时事，但是却让朝廷记住了这个正直敢言者的名字。

守制期满后，司马光必须重新整理个人的情感，振作起来。他将这一阶段所写的《十哲论》《四豪论》《贾生论》等几篇文章收入行囊，再次踏上前行的路途。回望故乡，涑水汩汩涌动而山木葱郁，这是父亲所魂牵梦绕的山与水，这也是历代先祖所寄寓深情的山与水，今时默默地离去，他日又该如何归来呢？看着车马卷起的轻尘，司马光感到深深的孤寂与落寞，虽然有温柔的妻子陪伴在身边，然而前路漫漫，又该何去何从呢？

去延州——妻子张氏给出了答案。此时庞籍正在延州整军，庞之道夫妇也随侍在父亲的身旁。庞籍是父亲挚友，也是自己的恩师，庞之道与自己胜似兄弟。因此对于司马光来说，此时庞籍父子自然成了最为坚实的依靠。而且，在重新回到起点之前，他需要有一位像父亲一样的导师，为他再次指定方向。司马光拍去身上尘土，微笑着向妻子说道："好，咱们就去延州。"

延州之行给刚刚从悲伤沉痛中走过的司马光以极大的慰藉，也使他重新鼓舞起了精神和勇气。延州与西夏相邻，加上三山鼎峙、二水交流的险要地形，成为宋朝防卫西夏的前沿重镇。进入延州境内，战时景象立即使司马光的内心气血鼓荡，精神为之一振。铁骑往来激起的朔漠烟尘，兵甲相触荡起的铮铮回响，鸣镝破空划出的呜咽悲鸣，无一不刺激着司马光的神经。只见八百里平川，大小砦堡林立，三川口前，旌旗猎猎，怎能不为之目眩而心折呢？

进入延州城后，司马光立即去帅府拜见恩师庞籍。因军务繁忙，庞籍与庞之道皆是一身戎装相见，庞籍的须发已见斑白而气度愈发沉雄端严，庞之道则在往日儒雅之外，多了几分勃勃英气。寒暄过后，妻子张氏转入内宅与姐姐相见，司马光则留在议事厅中与恩师、挚友叙谈。三人自然少不得说一些伤感之事，气氛稍稍有些沉重起来。仍旧是那个心思缜密的庞之道，他怕父亲与好友心伤，便有意转移话题，多谈边塞军务，司马光听了顿觉有耳目一新之感，悲切情绪很快转为激昂慷慨。

这时，议事厅外鼓声响起，随即听到有人唱个喏，便看到一位披甲武士走入厅中。这人盔甲整肃，腰间挂着一对铁锏，脸上虽刺着字却不掩凛然之气。司马光暗暗在心中喝彩："真是一位熊罴之士啊。"只听这人说道："禀恩相，近来从兵勇中挑选三千人，训练已毕，只是甲杖尚不齐全。"说毕立在一旁也不再多言。庞籍捡起一卷兵书，看了半晌方道："我知道了，下去吧。"武士只道："谢恩相，属下告退。"便转身大步而去。司马光素来知道将帅之间需要恩威并施，有威而无恩，则将不用命；有恩而无威，则将骄而帅怯。如今见到庞籍治军，方始有了新的体悟。他转头向身旁的庞之道问道："这位将军是谁？竟如此英武。"庞之道说道："这人名叫狄青，是父亲最近选用的一员战将。此人果敢勇毅，每战必冲锋在前，兼有智谋，将来当可成为世之良将，国之栋梁。"庞籍这时打断二人的对话，说道："勇则勇矣，但是若不习兵书，不懂权变，恐怕也难成大器。之道你对狄青还需用心指点教习呀。"庞之道立即行军礼应诺。

天色渐晚，军营中一片安静，除了有几队岗哨来回巡视外，竟无一人走动。司马光随着庞之道来到军营，见一处寻常营帐里，松油火把照得通明，狄青正在帐中捧书静读。狄青听到远处的脚步声立即警觉，抬头见是二人便远远地迎出，将他们请入帐中。司马光趁二人教习时打量着帐内，衣甲兵器整齐地挂在架上，帐内并没有床，只有一卷草席、一床被褥叠靠在帐边。桌几是临时拼凑的几块木板，放着一摞卷册和一张军用地图。司马光早向庞之道打听了狄青的情况，这位出身贫寒、代兄受过，如今又能在军务倥偬间折节读书的将军不由使他颇为敬佩。

教习已毕，三个年轻人随着攀谈而亲近起来。司马光向狄青问起近年来宋与西夏三战三败，到底原因何在？狄青答道："西夏军中以铁鹞子军最为强悍，都是精选的百战勇士。人马俱着铁甲，又以绳索将人马勾连在一起，虽死而不坠，十余人为一组来往冲锋，势不可当。宋军则以步兵为主，虽然兵力占有优势，但多是务农乡民或刁滑游民，一旦受挫，便立即奔逃，造成阵型松动，极容易被西夏骑兵所破。溃逃之际，西夏又轻骑频出，截杀宋兵。因此，西夏败则可全身而退，宋兵败则死伤惨重。"狄青叹了口气又说道："虽然近来多使用神臂弩，守则有余，进则不足。"司马光问道："以将军之意该当如何？"狄青答道："兵不在多而在精，全凭主将调度得法。近日得恩相嘱咐，训练新兵，虽只三千却已经有些成效了。"

司马光听了，心中也仍旧颇多疑问，便问庞之道："之道兄又以为如何？"庞之道缓缓说道："延州四境胡汉杂处，宋与西夏攻守之间，势力也犬牙交错。多年来虽建立不少砦堡，但是往往相互不能救援。况且西夏之主李元昊为人最是狡诈，战前必然施以诈计，待我军露出破绽迅速出击，劫掠人口财货后便即遁去，防不胜防。依我之见，西夏兵锋之利在于行动迅捷，所以我军兵力不宜过于分散，应于险要关键处驻守重兵。一旦固守无虞，便可等待敌兵尽出时，以一支奇兵直捣西夏腹地，使其处于攻不可攻、守不可守的境地，只得无功而返。其实，不论人口、财货，宋都百倍、千倍于西夏。若依此法，待时日一久，必然攻守之势逆转。到时，只要循序渐进，便可收全功。"庞之道说完，见司马光还在微微沉吟，便坐在一旁安静等待，狄青也静静地等着司马光的答案。

松油火把时不时地爆出火星，在朔风中忽明忽暗。司马光考虑良久方说道："战略即政略，政略若是不畅则战略难以施行。今急则战，缓则和，百姓由是疾苦，国家因之疲敝。战与和之间当有决断，受制于人，失却方寸才是大患。如果缓和时懈怠而不思危难，不能以富国强兵为施政纲要，不治兵甲，战则必败；如果危急时还心存侥幸，不能坚定决心同仇敌忾，希望能够寻求缓和，则必然给予对手破绽；如果接连败北，则虎狼觊觎之心更胜，缓和也更加遥遥无期。当前应以'和'为战之本，以'战'为和之机，制定可以长久实行的方略，实行富国强兵之策，并且避免频繁调动宰辅与边帅，建立起朝廷与边疆的互信，那时才能够真正获得战争的主动权。"

"好，好，好！"随着一叠声的称赞，庞籍缓步走进帐中，一身铁甲还尚未卸去。三人一起起身施礼。庞籍摆摆手示意三人坐下，说道："狄青所论是战之法，决胜于两军疆场之上。之道所言为战之术，运筹于帷幄之间。君实所言乃战之略，勘定于庙堂之中。战无法则兵将受其祸，战无术则主帅败其身，战无略则国家失其社稷。然而，庙堂之高未如帷幄之近，帷幄虽近不能决荡于战阵之间。三者相通则无败，三者相失则必不胜。"庞籍捋了捋胡须，看着三人问道："其中的道理你们可明白了吗？"司马光与庞之道再拜，同声道："明白。"庞籍看了看狄青，摆了摆手离开了营帐。

待庞籍一出去，狄青马上向二人问道："恩相所言何意？"庞之道推了一下司马光，司马光会意，说道："恩师说咱们三人分别切中了问题的三个方面，将军偏重临阵的战法，之道兄侧重战前制定的战术，在下倾向巩固国家的战略。但是，国家的战略不能顾及战争的具体细节和形势的瞬息万变，因此需要与具体的战术相配合。战术的制定也不能完全左右战斗的胜负，还需要切实可行的战法与将士的用命。所以说，战法、战术、战略必须紧密配合，制定者之间更要求保证足够的信任与沟通。"

狄青听了一拍手，恍然大悟。司马光则看向庞之道，好友那熟悉的笑容，让他心中的另一个答案也明确下来。庞籍的话中还包含着另外一层意思，狄青可谓古之良将，庞之道沉静多智当可守御一方，司马光目光远大，如能成为朝中宰辅之臣，那么将来三人同心协力，国家也会因之安宁了。这是这位慈父、恩师、重臣对三人的期许，当然也为司马光指明了方向。

夜月黄沙，驿马飞驰。司马光的任命终究还是来了。才刚相遇，终归又要分离。司马光擎起悬在腰间的宝剑，似乎隐隐听到鞘中长吟。狄青在未来或将另有恩遇，可是庞之道呢？何时还能再次相逢？

三

庆历四年（1044），司马光离开延州，已经二十六岁的他被任命为签书武城军判官事，赴任滑州。一年后，转任权知韦城县事。又过了一年，返回东京汴梁任国子监直讲。然而，在这几年中，国家的发展方向并未按照他所期望的方向前进。上任滑州不久，先是听到了庆历新政受挫的消息，范仲淹、富弼等人被分别迁任为河东、河北宣抚使等。接着宋与西夏再次议和，不得不承认了李元昊的西夏国主身份，并每年送交银两、绢帛、茶叶、各色绸缎等物。次年，范仲淹、富弼、欧阳修等新政人物均被免去参知政事的职务，正式贬谪外放，宣告庆历新政的彻底失败。也正是在这个时候，庞籍被召回中央，以填补暂时出现的权力真空。

时间来到了庆历七年（1047），正如司马光在延州所论，在战与和的失当以及施政纲要、宰辅的不断变化中，朝廷多项事务均出现了极大纰漏。然而就在这样的多事之秋，命运还是再一次以极其残酷的方式捉弄着站在历史转折点上的大宋王朝，以及为了改变王朝命运而努力着的庞籍与司马光。

从延州回到汴梁，时年仅仅三十二岁的庞之道竟然病逝，庞籍的悲痛自不待言，就连坚毅倔强的司马光在为这位挚友所写的墓志铭中也发出了"直命而已矣"的悲叹。一路同行者的突然离去，不仅使司马光的情感遭受重创，也让他再次看到命运的乖张。

世事并没有给予庞籍和司马光更多悲伤与缅怀的时间。半年之后，便传来了贝州兵变的消息。司马光在第一时间发出自己的声音，向时任枢密副使的恩师庞籍寄去《上庞副枢论贝州事宜书》。这时的司马光还没有直接参与朝政的权利，但是在他心底时不我待的危机感与肩负的责任感使他不再有任何的犹疑。司马光毫不避讳地指出：持续八年之久的宋夏战争刚刚结束，国力疲敝，民生凋零。贝州恰处于宋辽交界处，如果得不到恰当处理，可能就会出现蚁溃之势。若宋辽兵锋再起，西夏寻机复来，国家便有倾覆的危险。司马光同时提出平息兵变的方法，以威望素著之人，行宽厚仁和之法，只惩办首恶而不牵连无辜，最重要的是要在局势没有变得更为复杂之前使事态得以平息。

从十二月初一听闻兵变开始，司马光便每日查看邸报，然而随着时间一天天过去，他的心情越来越焦急，不好的预感更加强烈。很快年关将至，汴梁城里已经开始张灯结彩，可是司马光家中却是一片寂寂。时已深夜，司马光再次匆匆起身，穿上官服，坐在厅中静思。妻子张氏也随即起身，默默地为丈夫点起一盏灯。司马光坐了整整一夜，灯火亮了一夜，张氏也在一旁陪了一夜，邸报的消息终于传来。

司马光快速地阅读邸报，却再也克制不住内心的怒火，啪的一声将邸报拍在桌子上。事情的发展与自己的期望背道而驰，将帅失和，宰辅掣肘，造成前线的再一次溃败。原来，主帅明镐虽然征抚并用，却在枢密使夏竦的反复催逼诘难下急于攻城，操切之余不仅没有任何收效，反倒使得城内叛乱者合力顽抗。近日虽以奇兵攻入城内，而领兵者为独占功劳竟然不在得手后迅速引领大队主力入城，结果被敌反扑，功亏一篑。司马光忽然想起恩师庞籍在延州军营中的那一番话语，朝廷、边帅、将领之间不能同声共气的弊病再一次揭开了大宋王朝血淋淋的伤疤。为官多年的庞籍恐怕早就清醒地意识到了这个问题，而他希望司马光、庞之道、狄青在未来连接成国家干城，也因儿子的去世而无法实现了。司马光怎能不知道恩师的心情，因此，此时在他心中有多少悲愤、沉痛、惋惜，便有多少怒火。然而，司马光不是一个莽夫，他仍旧是一个冷静而敏锐的观察者，他更加清醒地意识到，一朝的政治风气不加以矫正改变，那么留给这个王朝的时间也就所剩无几了。

很快，参知政事文彦博主动请缨，代替受制于夏竦的明镐，并在庆历八年（1048）正月初一，掘开地道，平定贝州兵变。枢密使夏竦仍旧怕文彦博独占功劳，以验明正身为理由，将元凶首犯王则从大名府一路押回汴梁后才处斩。不久，李元昊被儿子弑杀，西夏的威胁似乎暂时有所减轻。这年庞籍被任命为参知政事，后又转任枢密使。皇祐年间，司马光被征召为馆阁校勘，兼任知太常礼院。这段时间，司马光与旧友范镇重逢，感到特别欣慰，因为这不仅是一位情感上的好友，更是一位政治上的同道。在即将迎来的挑战中，再次有人与自己一起，以坚毅与沉着的态度并肩站立。

其实，不仅是在宋代，在历史上的任何一个朝代，礼官都是一个极为重要的职位。他们一方面负责国家礼仪的实施，另一方面则以礼仪制度的酌定参与到具体的国家事务当中。对于司马光来说，这是他所期望的一种改变朝廷政治风气的方式。

已是七月，虽然暑气还是溽热不堪，但是到了傍晚时分，已经有了丝丝凉爽的风。司马光与范镇相携而来，准备要去庞籍府上商谈一件棘手的事情。庞府的家院知道两人与老爷相熟，又恰好庞籍正与人在前厅议事，便径直将他们引到了后厅等待。司马光与范镇在后厅刚刚坐定，就听得前面传来了激切的话语声。"执政大人，一言不发却是为何？难道连你都不愿出头，奏明皇上？这样有失人望、使百官寒心的事情，恐怕将使恩相无颜面对天下。"司马光与范镇相互对望一眼，他们已经猜到所涉之事，这件事本就是他们今天想与恩师商讨的内容。只是，令二人惊异的是，此时的庞籍已经是朝廷宰辅，又威望素著，竟有人敢如此对他说话？两人侧耳倾听，然而接下来却是一阵沉默无言和焦急的踱步之声。过了半晌，脚步声一停，那人又说道："既然恩相如此见外，那下官也只好去犯颜直谏了。生死有命，就此告辞！"言罢便转身大踏步地离去了。

　　稍过一会，家院将二人引至前厅。司马光看到庞籍的脸上并无任何不豫之色，但是他心底却很清楚，恩师位居宰辅，既要协理国是，又要调和百官，虽力图居中执正，但国事人情，头绪百端，往往也只能把苦水往自己的肚子里咽。庞籍见二人不语，略有失落和疲惫地说道："如果是为了刚才所说的那件事情，就不要开口了吧。"司马光和范镇站起身来说道："是。"庞籍示意两人坐下，便只是随意谈着些近日听闻的轶事。

　　司马光体谅老师，他知道恩师所处的位置极为敏感，在君意与民心产生龃龉时，更是不能轻易表明态度。因此，此时虽然着急却也着实不便开口。思虑半晌想起近日读史看到的一则故事，才说道："学生近日倒是听说了一则趣事。"庞籍饶有兴趣地问道："哦，难得，难得，还请君实说来听听。"司马光笑着说道："学生听说，汉文帝虽是明君，却也有佞幸之臣。"庞籍微微侧身，颇感兴趣。司马光接着说道："邓通曾为文帝吸吮脓疮，因此受到宠爱。后来文帝违制赏赐邓通铜山，使他有了铸钱的权利。但等到文帝死后，邓通却也因此获罪，最终困顿而死。"

庞籍听了哈哈大笑，却不再说什么，只是做了个向下压一压的手势。司马光看见了立即会意，拉着范镇起身告辞。出得门来，范镇问起何意。司马光说道："老师是嫌我的比喻太过激烈，寓意似乎也不太吉利，怕圣上难以接受，所以让我换一个更温和恰当的例子来劝谏呀。"范镇恍然大悟，笑着说道："你们师生俩，当着我的面还打起了哑谜。"司马光则笑道："老师他也有他的难处呀。"

天刚蒙蒙亮，习风阵阵吹来颇为清凉，仁宗皇帝早早起来视事，他随手取过书案上的一份奏折，见是由司马光执笔、礼部官员具名的文状，眉头便皱了起来，但还是耐着性子打了开来。在文状中，司马光认为：麦允言是皇帝的近侍之臣，虽然有一些微末的功劳，却远不足以追封为司徒，更不能轻易地赐予"三公"所使用的礼仪。春秋时仲叔于奚有功于卫国，获准车马饰以繁缨入朝。孔子听说后，认为非常可惜，应该多多封赏城邑给他，而不能轻易地将国之重器与名位许人。礼仪与制度一旦变乱，国家也会因此失去权威。况且，将来一定会有人因为此事而怨恨麦允言，这恐怕也会违背圣君爱护臣下的本意。

仁宗皇帝看了，默默沉思良久，他深深体会到司马光的用心，拿起朱笔在文状后稳稳地画了个小圈。

这一夜，雨声从未停下，司马光坐在灯下，回想起历历往事，那是他开始踏入官场的一段时光。思绪从华州、苏州一路来到了延州、华州，最后又停在汴梁，人生短短的几年中，已经在王朝的疆域上画了大半个圈。

国 殇

一

黄河滔滔奔腾，沿着贺兰山、阴山山脉、吕梁山脉翻涌不歇，形成了一个巨大的"几"字形回环。因为高山大河所形成的天然屏障阻隔冷暖气流，从而形成了山河两侧迥异的气候与文化：北方是追逐水草的游牧民族，南侧则是定居耕种的农耕民族。千百年来，两种生产方式间的交融与抵牾，在这片炙热的沃土上书写了一个又一个传奇，也造就了一个又一个的英雄人物。然而，对于日渐疲弱而又强敌环伺的大宋王朝来说，这里却是一片并不平静的土地。这片土地上虽然灌注了司马光的一片赤诚与执着，但最终成为他的伤心之地。

至和二年（1055），司马光已经三十七岁，年近不惑，随着宦海历练，对世事的洞察也更加清醒明确，唯一不改的恐怕还是胸中那颗赤子之心。两年前，庞籍因事被罢相出知郓州，司马光随即跟着恩师出任郓州通判。随后庞籍又被调任并州，司马光又随之来到并州担任通判。并州之地与辽国、西夏相邻，北接云中四郡，西控河套平原，是兵家必争的四战之地。

从太行山一路北上，巨石峥嵘而嶙峋，山径狭窄得仅容单身匹马通行。冬末雨雪夹杂，道路也变得泥泞不堪，野兽的嘶吼从峡谷密林中传出，使人惊惧不安。司马光始终骑马伴随在庞籍的身旁，片刻也不离开。恩师毕竟已经年近七十，虽然身体硬朗、精神矍铄，但朔风如割，怎能不使人担心？庞籍瞧出学生的忧忡，便说道："君实，今年你也三十有七了吧？"司马光对这个话题颇感讶异，但还是说道："老师，从天禧三年算起，学生今年正好三十七岁。"庞籍笑了笑说道："你父亲差不多也是这个年纪有的你吧？"司马光听后随即明白了老师的意图。原来，司马光与妻子张氏完婚后育有两个儿子，但是先后夭折。张氏曾多次要求司马光纳妾，但司马光都表示拒绝。他体谅妻子的苦心，却实在不愿意让温柔贤淑的妻子遭受委屈，事情便一拖再拖。今天老师在这苦寒之地提起此事却也不知何意。司马光说道："老师，学生的兄长前年又得了一子，健硕聪颖，名字叫作司马康。学生已经寄去家书，请求以此子过继。"庞籍点了点头，心下颇有些失落。他不愿这个学生因为跟随自己而耽误前程。如果司马光留在汴梁，很快就会有晋升的良机；而来到这苦寒之地，不仅凶险四伏，前路也渺茫难明，自己心中怎能不对故去的司马池有所愧疚呢。

终于转出山道，但见峰峦隐退、阔野在望，庞籍兴致一起，策马奔行而前。看着老师依旧矫健的身影，司马光顿生"老骥伏枥，志在千里"之感，一时间浩然豪气充塞胸膛，一提缰绳纵马跟上前去。

庞籍座下的战马也已暮年，跑了一段路，便气喘吁吁，肆流的汗水旋即在长长的鬃毛上结起冰柱。庞籍爱惜坐骑，勒住缰绳缓慢前行，司马光跟了上来。庞籍侧头问："朝廷遣我来并州防御河东路，你可知何意？"司马光答道："并州交接辽夏，情势最为复杂难测，稍有不慎便起祸端。朝廷如今以老师知并州，必是欲威服猃狁，使其不敢轻举妄动。"庞籍道："确是此意。那么又当如何处置呢？"司马光答道："山岳耸峙使人仰望而不可侵犯，江河浩渺使人慨叹而不敢轻忽。因此，不动如山，不给敌人可乘之机，就可以震慑敌人；不测若水，使敌人难以探查虚实，不敢轻举妄动。"

庞籍闻言喜道："君实思我之所思，正合我意呀。"司马光见老师赞同，便又说道："山峙渊渟只是方略，并州的情形错综复杂，还需要调查清楚，才能够制定出得当的对策。其中尤以西夏的局势最为阴晦难明，西夏自新主继位以来，一直由没藏讹庞把持朝政，虽然西夏国内怨言四起，而没藏氏却野心勃勃，不断骚扰蚕食我大宋疆土。以屈野河西地为例，已被抢占十余年，成为西夏牛马繁衍之地。近来，没藏氏又蠢蠢欲动，迁徙农民耕种此地，以充实粮秣，作为将来侵犯之资。"庞籍微微皱起眉头，对于这个棘手的问题，他心中还没有明确的答案。他既不愿意轻易启衅，更不愿意放任不管，两者利弊实在难以权衡。只听司马光继续说道："大宋与西夏已经休战多年，一旦轻启战端恐怕难以收场，并使人坐收渔利。而选择弃地自保，则更是资敌而损己，使祸心包藏者气焰嚣张。学生以为……"

庞籍一边点了点头，一边止住司马光的话语。他指了指口，又指了指手，示意待自己细想之后，将答案虚写在手掌上，看两人的解决之法能否暗合。司马光会意，便不再言语，相伴老师并骑前行。阔野之上的一行人，如同归雁，慢慢地前行，剪影一般映在衰草连天处。

二

很快新草染绿原野，茂盛得使人心中漾起一阵阵快意。来到并州后，司马光很快便马不停蹄地奔赴边境，开始查勘各地防务。当他来到麟州城时，已是夏初时节了。麟州知州武戡、通判夏倚、统兵官郭恩和监军黄道元收到书信，知道司马光要来，早已便服轻装在城外等候。

此时监军黄道元的脸上已露出些许不悦，看着其他几人说道："也不知这个司马光故弄什么玄虚，要我等穿着便装迎他，真是官威煊赫呀。"大宋王朝以陈桥兵变得了天下，故而对军队有意提防，不仅设立枢密院，以文官总摄军事，还在各地军队中设置监军，以便督查监管。监军多以宦官充任，几年前司马光所竭力奏免给予一品卤簿的麦允言就曾任监军，并因平服贝州兵变而受升赏。这一位黄道元也是这般情况，只不过他品级不高，却总愿意处处辖制同僚，司马光的做法当然会使他不满。武戡、夏倚处事沉稳，虽然疑惑，却也不愿多说什么。统兵官郭恩，向来对武职备受压抑的情势不满，听了黄道元的话，神色也有些不快，心下对于这位不知所以的文官也颇有了些怨怼。

这时远远地看到一骑奔来，马上之人一身布衣，似乎并非官吏，因此几人也未加留意。一人一骑到了跟前，才发现来人正是司马光，于是赶忙迎了上来。司马光却不待众人开口，就让武戡等人跟着自己往西面小路上走。

武戡连忙问道："通判大人，这是要往哪里去呀？"司马光道："屈野河西地。"几人闻言讶异不已，武戡、夏倚稍有不解，郭恩多了些兴奋，黄道元则举止失措，急待发言时却见其他几人已经策马而去，又不能独自回城，只能跟了上去。几人的神情司马光也自了然于胸。

经神堂、横阳、银城向西，四十余里便是浩浩汤汤的屈野河。屈野河与大横河交汇，形成一片水泽丰沛的草甸地区，纵横六十余里，土地平整而肥沃。几人从丛杂的低树灌木和一人多高的芦苇丛中寻路前行。司马光一边走一边向武戡、郭恩等人询问此地情形。武戡与夏倚详细说明原先此地何时为宋地，何处曾建立城寨。让司马光感到惊讶的是，屈野河西的六十里土地原本是麟州城的职地。所谓"职地"，是由国家批准，用以专门供给地方官员的田地，平日里由百姓耕种，收获后按照一定比例将收成分给官府和耕种的农民。官府将每年收成再按品秩发放给官员，作为补助。宋夏经历了八年战争，虽然议和并划分了疆界，但西夏权贵却不断蚕食宋土，充实壮大自己的力量。麟州的官员则害怕重新挑起战端，不断退让，宁可放弃职地的权益，也不愿意惹上麻烦。司马光心中产生了一股强烈的惆怅情绪。这些官员是胆小怕事吗？是避敌畏战吗？不可否认的是，一部分官员确实如此，但是大部分的官员却可以称得上尽忠职守，就如眼前的武戡、夏倚、郭恩等人皆是如此，只是国家的制度和法令逐渐固化成一种令人担忧的政治风气和氛围，表面上看起来没有什么，但所造成的问题却是不可逾越的鸿沟。

司马光回望麟州，只看到河边一座孤零零而又破败简陋的堡垒。这是武戡上任以后修建的，在有限的权力和资源面前，他和同僚还在尽着最大的努力，试图支撑起国家的尊严。司马光没有理由责备任何人，他现在需要的是鼓起每一个人的勇气，挽回颓势。

从岸边的泥泞滩涂和深密的草丛芦荡中走出，眼前是一大片刚刚开垦的田地，零零散散的耕种者尽为左衽，西夏的军旗也遥遥在望了。司马光回头看着郭恩，说道："郭将军，你可知道古时候这里属于何地？"郭恩此时已然收起轻视之心，他对于这位文官亲身历险的勇气深为感佩，便正色说道："属下不知，还请州判赐教。"司马光笑着说道："春秋时，这里曾是娄烦、丁零故地，两国常常侵犯滋扰，因此赵武灵王整兵奋武，胡服骑射，终于使其归附。能够横刀立马，纵横无阻，方是真英雄呀。"郭恩为司马光的话所深深折服，立即说道："岂不愿效命疆场？若能马革裹尸，此生足矣！"

说话间，几人继续前行，西夏的战旗与军营皆已历历在目。监军黄道元匆匆从后面赶上来，一把拉住司马光坐骑的缰绳，惶恐地说道："州判大人，前面可就是西夏的军营了，咱们实在不便再往前走了。"司马光微微一笑，也不顾黄道元的哀求，继续策马前行。武戡与夏倚也赶了上来，劝阻道："州判大人，从前年开始没藏讹庞便于此地耕植，并不断增兵，到今年已经有三万余人。如被发现有人探查，胡马迅疾，恐怕咱们走不了多远便会被擒。"司马光还是微微一笑，他似乎胸有成竹。

几人行到一处土丘上，西夏军营已经一览无余，远远看去虽然遍插旗帜，但营垒中的士兵却寥寥无几。更远处，几支西夏骑兵队伍也在缓缓撤离。原来，司马光与老师庞籍在进入并州时便已经有所谋划，两人在手掌中都虚划了一个"间"字。西夏国主年幼，没藏氏独揽大权，而不得人心，此时又统兵在外，刚好可以使用反间计，使其内乱。一旦国内有变，没藏讹庞必然引兵退却。

一行人站在土丘上，看着远处正在撤走的西夏骑兵，旗甲鲜明且井然有序，不禁各有所思。武戡和夏倚原本就有逐步收复失地的想法，无奈可以凭借的资源太过有限，而且在西夏不断增兵的态势下，不得不固守。如今突然见到西夏军队退去，虽然不知其中原因，却重新燃起了进取的希望。武戡上前一步对司马光说道："州判大人，没藏讹庞突然退去，恐怕是西夏国内有变。此次正是进取的好时机。"未等司马光说话，黄道元抢上一步说道："郡守怎知西夏人不是故布疑阵，引诱我军进入圈套呢？"武戡听出黄道元的怯弱，但还是耐着性子说道："黄大人，西夏若欲引诱我军，必然故作姿态，使我知其慌乱退却，有机可乘，才会引兵追击。然而，如今悄然退去，又在其营内遍插旗帜以

　　一行人站在土丘上，看着远处正在撤走的西夏骑兵，旗甲鲜明，井然有序，不禁各有所思。

为疑兵，是意图蒙蔽我军，使我军不敢追击呀。"

黄道元还待要争论，却一时不知要说些什么。司马光不愿二人争辩，就说道："黄大人，我们自然不会前去追击，如今所图以收复失地为重，不必担心。"司马光言语直爽，黄道元却会错了意，以为是讥讽他怯懦胆小，但是听闻不会遇险，虽然脸上一阵通红，却也不再说话了。司马光继续说道："各位大人，你们看西夏所选的这几处军营位置如何？"武戡、夏倚、郭恩三人细细观察，才发现西夏军营左右相连，前后相依，形成掎角之势，一旦发生战争，便可相互支援。而且，军营总把道路、渡口占据，从而控制了整个河西的数十里平原。郭恩兴奋地说道："如果不是西夏自行撤走，别说对方是三万人，即便是三千人，想要抢占，恐怕代价也会很大。"夏倚也很是高兴，说道："若能占据这几处营垒，善加营修，便可与我河东堡垒遥相呼应。在此驻扎三四千人，便足以抵挡西夏精骑数万。"武戡附言道："河西之地素来丰沃，每年所产粮食草料便足以自给。若能收复，真是一件大大的幸事。"听闻此言，几人抚掌大笑，数十年难复失地的阴郁和苦闷，似乎在这一瞬间也一扫而光了。此时，就连黄道元也附和着笑了起来，只是在他心中计较的是——作为监军，从职地中能够获得多少收益，在收复故土时能够赚取多少政治资本。

未来似乎一片明朗，郁闷的心结也在慢慢解开。临别时司马光与武戬约好，各具表章，向庞籍和朝廷汇报。又特意将郭恩拉在一旁，叮嘱他收复失地切不可急躁，应当多方打探；尤其是在渡河之前，绝不能轻忽，河西之地水草丰茂，易于伏兵，一旦归路被截断便是死地。郭恩亦点头应诺。

然而，不论是政治还是战争，都充斥着必然性，也潜藏着偶然的因素。在这个未来的伤心之地，这两种因素同时发挥了作用。

三

狂风骤雨的夜，雨点敲击着门窗，犹如战场上的鼓点声，砸在司马光的心上。屈野河之战，宋军败了，败得惨烈异常。隔着雨雾，司马光似乎犹然能够看到原野上枕藉的尸体，闻到碧草上鲜血的腥味，听到回荡着的嘶哑而怆然的哭喊。司马光的心被撕裂了。

一个多月前，司马光从麟州返回，立即向庞籍报告了巡边的情况。在征得老师的同意后，起草文书上报枢密院。北宋的军政体系在限制将相权力的同时，也陷入低效的怪圈中。枢密院总摄军事，征募、戍边、屯兵等各项事务都要向枢密院报告，再由枢密使择其要点向皇帝汇报；若遇到重大事件还需要廷议。从并州到汴梁，千里之遥，往返都要将近十日，再加上呈报、审批等一系列繁琐程序，等到行动命令传达到麟州时已经过去半个月。战机转瞬即逝，怎容得起如此耽搁。另一边的权臣没藏讹庞则在肃清政敌后迅速返回，赢得宝贵的时间。麟州城内，监军黄道元大张旗鼓征调民夫厢兵、采购木材的消息也早已被敌人探知。悲剧不可避免地发生了。

五月初五，在黄道元的一再催逼下，郭恩未能遵守曾向司马光做出的许诺，率领着一千四百余人的马步军和厢兵出城，试图趁夜赶造工事。然而，没藏的军队早已做好埋伏，在一个叫忽里堆的地方伏击了宋军。双方兵力相差数倍，战斗如同屠杀，很快便结束了，三百八十七名士兵被杀死，被俘虏的一百多人也被割去耳鼻放回。郭恩被俘不屈而死，黄道元被放回，武戡死战得脱。此战总计损失了各类武器、器具一万七千八百九十九件，战马二百八十匹。

一个个数字如同一张张血淋淋的面孔摆在司马光的面前，一个多月前还活生生的人，音容笑貌还在眼前，如今却做了边塞上幽咽的魂灵。司马光的泪水止不住地流淌着，然而痛哭与自责改变不了任何现实。

一只手默默地扶在司马光的肩上，温和而有力，是老师庞籍来了。他默默地销毁了司马光起草的奏表，想要一个人承担起责任。他来是要告诉自己的学生，将来的路还很长，不要因为一个挫折就跌落下去，自己老了，未来还需要有人肩负起这个帝国前行的重担。

很快屈野河战败的消息便传到汴梁城中，一时间舆论哗然，谏官们也纷纷将矛头指向那些远在边疆、心存报国的战士们，参劾的奏疏雪片般落在皇帝的案头上。其中还夹着三封来自并州的奏疏：两份来自司马光，请求朝廷处置自己；另外一份则来自庞籍，他揽下所有的罪责，只是请求宽免自己的学生司马光。

讽刺的是，朝廷处置诸人的诏书却来得这样快。六月，庞籍被调任青州，夏倚被贬谪到边境小镇做了税吏。而令人极其意外的是，司马光被重新召还汴梁，迁任开封府推官。政治的规则再一次让司马光不知所措，他怀着无限的愧悔向朝廷递送第三份奏疏，希望朝廷能够将他外放虢州，却再次被驳回。司马光突然想起父亲，他终于理解了在自我谴责的道德重压下，是如何地痛苦。但是司马光也明白老师的苦心，现在他所不能辜负的人和事已经太多太多，他的选择只能是留下，做一个负重前行者。

在接下来的几年中，司马光见证了嘉祐新政，自己也从开封府走到了三司，管理着国家的财政税赋与开支。嘉祐六年（1061）开始的新政是对庆历年间改革的再一次推进和巩固，只是这一次却显得尤为谨慎而安静。庆历新政的失败，究其原因，是过于仓促地在全国铺开，造成局势不可掌控。显然，这一次首相韩琦吸取了近二十年前的教训。司马光对于这种稳健而和缓的改革方式是赞同的。

嘉祐八年（1063）的一天，一个熟悉的面孔也从司马光的世界里消失了，恩师庞籍病故。司马光望着几日前恩师托人送来的十余首诗，上面还写着"希望你知道我虽在病中，但是却诗意浓厚"的批注，以此乐观积极的话语劝勉安慰自己的学生，不想竟然几日后便溘然长逝了。在万分悲痛中，司马光为恩师撰写墓志铭，他写道："长号四望，谁复顾哀？唯公眷怜，过于平日。"沉痛之情溢于言表。在人生最为阴郁的日子里，庞籍给予他最多的关爱和指导；对于司马光来说，庞籍既是他的导师，也是他最为重要的情感依托，他们早已成为一家人。

父母、恩师、挚友相继逝去，没有使司马光失去前行的力量。已经四十五岁的司马光意识到，自己从父辈那里所传承、从挚友那里所体认到的情感关照与精神力量，需要传递给更多的同道，当自己也终将逝去时，这些在困苦与艰难中磨砺出的精神遗产，在未来还能够发出更耀眼的光芒。想到这里，两年前的一件往事慢慢涌上了司马光的心头，那一次他像老师庞籍一样保护了两个年轻人，也为这个文治帝国的未来保存了希望。

嘉祐六年（1061）的制科因为两位政坛新星的加入而引人瞩目。就连首相韩琦也在阅览过考试名单后惊叹道："有这二人在此，难道还有人希冀与他们一竟高下吗？"这二人便是苏轼、苏辙兄弟。两人在四年前的科举中便已名动天下，成为朝野关注的焦点。嘉祐二年（1057）的科举，苏轼以一篇《刑赏忠厚之至论》获得主考官欧阳修与点校官梅尧臣的激赏，不久欧阳修在给梅尧臣的一封信中就说道："读轼书，不觉汗出，快哉快哉！老夫当避路，放他出一头地也。"一个是文坛宗主，一个是宋诗渊薮，他们二人的合力称赞，一时间使苏轼的文名达到鼎盛。但是，麻烦也随之而来，苏轼的策论中所使用的"皋陶为士"，语出无典，乃是苏轼临机自造。于是，苏轼就自然成了众多朝臣攻讦的对象，经过众人保举事情才告一段落。当时的仁宗皇帝身体与精神已经大不如前，看了苏轼与苏辙的文章也不由地赞叹道:"我为后世选取了两位宰相啊!"

四年前苏轼、苏辙参加科举时,司马光还在并州参赞军务,而这一次的制科司马光已经成为主考官。这一次引起争议与轰动的不是苏轼,而是苏辙。本次制科是一场"贤良方正能直言极谏"的选拔考试,平日里一向沉静的苏辙在试卷上洋洋洒洒写了七千余言,矛头直指仁宗皇帝,不留丝毫余地,开篇就说道:"皇帝陛下,虽然您平日里经常说为国家而担忧,但是在我看来您只是说说,而并没有这么去做。"苏辙还指出仁宗皇帝好色无度,并推论道:"当前后宫干预朝政,使得朝廷风气败坏,徇私舞弊、结党营私的情况屡见不鲜;当前国家疲弱,人民的生活贫苦不堪,内忧外患不断加剧,如果还放任不管,陛下恐怕会失去天下民心。"这样一篇文章,在政治严酷的时代固然会引来杀身之祸,即便在政治清明的时期,将皇帝说得如此不堪,也不是一件好事。其实苏辙心里也很清楚,当时他就有了"自谓必见黜"的预期,但是那份"不与世同"的担当与坚韧还是给了他巨大的勇气和力量，哪怕是自己的政治生命立即终结，也要极言直谏，尽到自己作为臣子、作为读书人的责任。所幸的是，在他的面前有一位曾经与他何其相似的人，最终保护了他。

考场的考生们均已散去，司马光、范镇、胡宿等考官正在连夜审阅试卷，屋内除了纸页翻动的沙沙音，听不到一点动静。然而，胡宿的呼吸声却越来越急促不安，突然啪的一声，他拍案而起，大声说道："猖狂无礼至此，殊实可恨！"说罢便气哼哼地将一份考卷拍在了主考官司马光的桌案上。司马光和范镇都觉得十分怪异，平日里以宽仁和厚著称的胡宿怎么今天动了这样大的肝火？司马光也不看试卷，只把胡宿拉到一旁椅子上，劝慰了半天，等他稍稍平息后才返回案几前拾起试卷，看到试卷上赫然写着"苏辙"两个字，心中咯噔一下，暗暗想道："是他？"这时，范镇也走了过来，两人便在灯前读起这篇策试文章。阅毕，两人对望一眼，在对方眼中都找到了自己心中已有的答案。

范镇首先向胡宿说道："武平公，何必动怒？"胡宿平日宽和，遇到问题却也率直，看范镇意欲周旋，便道："景仁，怎可容小子如此谬言诳语，诽谤皇上？若是这等狂悖之言都可以容忍，那么天下必将群言鼎沸，我等又该如何自处呢？"范镇善言安慰道："武平公，极言直谏便是要规劝所失，虽言语有所过激，但是只要秉心持正，所言有理，就应该接纳呀。况且当今皇上宽仁为本，若是因为一两句逆耳之言，便擅加贬黜，岂不是有损圣德吗？"胡宿一时被说得词穷，便说道："景仁，我知道你能言善辩，我是说不过你的。这件事还是要请主考大人给一个公断。"说罢便瞅着司马光，等他发表建议。

司马光自然明白这篇文章所犯的忌讳，也明白胡宿的担忧，如若处置不当，恐怕又将会掀起一场政潮。司马光静静地看着试卷，思考着处理的办法。他回想着与苏轼、苏辙相谈的每一个情景，他相信自己的眼力和判断，这兄弟二人不仅极有才华，而且都诚挚正直，苏轼才华外露而性情真率，苏辙则性格沉静内敛，谦逊而稳重。司马光自然由此想到自己与庞之道，也是年纪轻轻中举，也是同样的性格。转瞬间物是人非，宝贵的事物失去便难再得了。

胡宿看着司马光，忍不住又说道："君实，苏辙这篇文章，言过其实，看似是直言敢谏，依我看，实则是钓誉沽名的伎俩。君实可知四年前其兄苏轼举试的文章，竟然自纂典故？由此看来，兄弟俩真是如出一辙。"司马光心头咯噔一惊，胡宿话中的意思，已将话锋说死：若秉心不正，岂可为官？可是苏轼、苏辙兄弟却也绝不是此等人呀。自己该如何向胡宿说明呢？

至正则无私，便是有私交，只要是为国抡才，便当直言。司马光说道："武平公所言也正是我所担心的。"胡宿听了此话，以为司马光站在自己这一边，便气哼哼地向范镇撇了撇嘴，似乎在炫耀自己的胜利，范镇对着这位憨直的老友则只是笑了笑，并没有说什么。司马光继续说道："武平公所言无非两点。其一，语言激烈，忤逆悖上；其二，用心不正，沽名邀宠。"胡宿道："确是如此。"司马光道："本朝向来允许谏官风闻言事，所谓'风闻'，指的就是可以不加查证，仅凭听闻即可弹劾。如此虽不免有矫枉过正之处，但为的却是能够广开言路，以匡正得失。即便事情尚在微萌之时，也可以发现错误而改正。'极谏'便是要言他人所不能言，所以若苏辙所言不实，我等尚可论其用心不正，加以驳斥；如今苏辙所论之事，你我心中也尽皆知晓，仅凭言语偏激放浪，岂能加以阻滞？苏辙论我等不敢言之事，本就使我等汗颜，若再加以贬斥，有伤我朝开明之德，岂不更令人惭愧？若再传于后世，后人又该如何评说呢？"

胡宿听后点了点头，司马光所思所虑确实深远，只论眼前苏辙理应斥责，但是虑及朝廷与后世，确实也应当深思熟虑。见胡宿点头，司马光知道事情有了回转的余地，就说道："至于'用心不正'四个字，还需谨慎。古人常说'文如其人'，内心坦荡则词理通达。我看苏轼、苏辙的文章，读之令人感佩，绝非用心不正之人。另外，我和景仁兄，均与苏洵父子相交多年，若说至情至性则有之，若说心有不正，却实在不能赞同。难道武平公连我二人也不相信了吗？"胡宿看了看范镇，范镇笑着点了点头说道："确是如此，我与苏洵都是蜀地人，相识已久啦。苏洵人品端方，可就是太严肃了。他那个大儿子倒是还好一些，这个小儿子嘛，还是像他父亲。"说着哈哈笑了起来。

胡宿知道司马光与范镇的脾气性格，他们绝不会有假话虚言，更不会与居心不正的人结交，心中逐渐缓和，但还是有些犹豫地问道："司马公，准备如何安排等次呢？"司马光捻着胡须，微微沉吟着说："若论应题，大苏稍占优势。若论深切，还是小苏更胜一筹。依我看可以将两人录为三等，大苏在小苏之前。武平公你看可否？"胡宿听闻急忙摆了摆手道："不可，不可。自仁宗皇帝以来，一等二等从未录取一人，三等只录取过吴育一人。即便是优中选优，也只是列于四等、五等之中。我看还是再多加考虑吧。"

司马光还想再劝，范镇朝他摆了摆手，说道："苏辙所论虽然真切恳挚，但是言词失当，也不如其兄所论应题。再有就是年轻人也还要多加历练，依我看不如将苏轼列为三等，苏辙列为四等。如此可好？"胡宿思量半天，确实也觉得苏轼、苏辙的文章精妙，若人品端正也确实是一番忠君爱国的赤诚，便说道："如此正好。"司马光笑道："如此一

司马光还想再劝，范镇朝他摆了摆手。

来，意见并无相左，待我划定名次，上奏陛下。"

皇宫内，烛光昏沉了许多，仁宗皇帝脸上多少有了些倦容，但还是打起精神看着今年制科的文章。从十三岁即位，已经过去了将近四十个年头。从最初庆历新政的少年意气，到后来嘉祐革新的惨淡收场，他已经消磨掉了心中所有的棱角，感到深深的倦意。仁宗是一个好皇帝，也是一个好人，他忍耐了很多不平事，也包容了众多犯颜直谏的大臣，不论是范仲淹还是包拯，他都给予了他们最大的肯定与尊重。所以，当看到苏辙的策论时，虽然言辞恳切得让人难免有些不好接受，但是这个为后世帝王所选拔出的宰相之才所说的逆耳之言，在他的心里却也激不起多少涟漪了。仁宗用朱笔在文章上画了个圈，慢慢闭上眼睛，他感觉自己真的是累了。倦政吗？荒淫吗？自己的事，留待后人去评价吧。

司马光站在帷幕外，清晰地看到了仁宗的一举一动。他心中不忍，眼眶微微红了，这个宽仁而温和的帝王已经为这个国家做得够多，也足够好了。但是国家的未来还需要坦诚与锐气，方能进取。此时，必要的忍耐是最宝贵的事情。司马光抖了抖衣袖，慢慢地走到殿阶前，肃穆地朝仁宗跪拜，说道："皇上。"语气中是真挚的关心和体谅。仁宗慢慢将名次表递了出来，疲倦地再次合上了眼，摆了摆手。司马光再次拜谢后，慢慢退出大殿。走到宫门前，不由得回头望去，灯影恍惚间，慢慢熄灭。

殊 同

一

治平四年（1067）的四月，春寒已去而暑热未来，最是一年中惬意的时候。红花绿柳随着风儿摇动，流云也在天边舒卷自如。司马光的心情正如这好天气一般，充斥着喜悦与期待，好友王安石已经在回京的路上了，也许就在这两日便可抵达。正无心读书时，又恰逢苏轼兄弟来访，司马光便拉着二人来到屋后小园中浅酌闲谈。青梅入酒，虽有些酸涩，却掩不住司马光脸上的笑意。

因嘉祐六年（1061）制科的关系，三人以师生相称。苏辙见司马光脸上满满的笑容，忍不住问道："恩师，最近可有什么高兴的事吗？"司马光笑着还未说话，苏轼抢先发言道："子由，听闻介甫公不日便可抵达开封，老师这是旧友相逢，喜不自胜呀。"司马光抿了一口酒，笑道："子瞻呀，你这唇齿如刀，怎么连我也不放过了吗？"苏轼连忙笑着起身施礼道："学生不敢，还请老师原恕则个。"司马光连连摆手，示意苏轼坐下，笑着说道："我与介甫相交多年，原本宦海沉浮身不由己，不期竟还有相逢之日，真是一件快事。正巧韩持国与我原在开封，晦叔前几日也刚从蔡州回来，看来重聚之后又可以坐而论道了。"司马光所说的韩持国便是韩维，曾一同参加别头试；而晦叔则是吕公著的字，是名臣吕夷简的第三子。嘉祐年间，司马光、王安石、吕公著、韩维四人同时在朝为官，时常在一起谈论世事，切磋学问，因此被时人称为"嘉祐四友"。

想起旧日情景，司马光也不禁兴起了白驹过隙的慨叹。只记得那时自己与王安石还在三司任上，有一次上司包拯宴请同僚，并频频劝酒。司马光虽然已经颇有些不胜酒力，可还是不愿驳了主人的盛情，勉强多喝了几杯，终于大醉。然而，王安石却不论包拯怎样劝酒都坚决辞谢，始终滴酒未沾。从那时起，司马光心中对这个看似执拗却始终如一、坚定得如同磐石一般的同僚产生了浓厚的兴趣。

司马光与王安石均少年成名，两人不仅博通经史，而且品行端方，很快便被同时征辟修起居注。修起居注的身份，往往被看作"士林高选"，非博学宏富、人品中正之人不能担任，因而被读书人看作一种荣耀。此外，修起居注既可以随时伴随在皇帝的身边，又可以全面而细致地了解帝国运行的情况，在必要时还可以充当皇帝的机要顾问，在未来则是宰辅的备选人才。然而，两人却均以自己才德不符为由加以拒绝。不同的是，司马光一连拒绝了五次，最终也没有得到批准，还是不得不接受任命；王安石则只拒绝了一次便获得朝廷的准许。因为这件事，司马光对王安石更加推崇，不仅是因为在这个同样执拗的人身上，他看到了同样高洁的品格与操守，更为重要的是王安石治事的精当是自己所不能比及的。

司马光举起手中杯，又抿了一口酒，不由慨叹唏嘘。一则是忆及旧事，虽旧友重逢却年华流逝不返；另外则是感叹，幸而能与王安石等人结为同道，可于治事中补足自己的缺漏，使国家不至于偏离正道。苏轼与苏辙见老师品酒自赏，喜悦之余，便陪侍两旁不再多言。半晌司马光才回过神来，自觉冷落了两个学生，就笑道："难得回忆起旧事，多少有些感慨，少年往事老来才觅得其中滋味啊。"司马光说着给两个学生斟满了酒，缓缓说道："介甫归来，岂是我一人的幸事，实则是国家的幸事呀。介甫为当世的英杰，少年时便已经得享大名，入仕后更是成为世人表率，这回若能够得到再次起用，一定可以使国家太平而人民富足。"说着将杯中酒一饮而尽。

这时小院门外传来了一阵爽朗的笑声，只听一人说道："君实兄，谬赞！真是言过其实了。"司马光闻言转头，只见一人袍服儒冠，脸上挂满了笑意，虽神色和蔼，但却不能遮掩气度的俨然。司马光连忙起身迎上，来的人正是王安石。王安石也快走几步迎了上来，扶住司马光，笑道："古人说倒屣相迎，今日得君实置酒相待，足感厚意了，也不枉我千里风尘直奔到你这里。"司马光闻言，哈哈大笑。苏轼、苏辙兄弟也急忙过来，王安石曾为二人制科举试的考官之一，因而也以师生之礼相见。四人见过后便围着石桌团团坐下，苏轼、苏辙二人为老师们摆好椅子，又将酒杯斟满，陪着老师们谈了几句新闻旧事。几杯清酒过后，气氛慢慢活跃起来，司马光与王安石二人却似乎另有心事，只是在等待时机方才吐露。

司马光又为王安石斟了一杯酒，话锋一转，问道："介甫，一别五年，在江宁的这些时日可有什么见闻感想吗？"王安石自然听出询问中的真意，停杯正色道："知我者君实。得知圣上召我进京，我便立即启程，望能提前一两日赶回，在面见圣上之前可以先行到府上拜会，将我近日筹划与君印证。"司马光亦正色道："愿闻其详。"苏轼与苏辙不由得对望一眼，这时才明白两位老师心中所想之事，自然也明白接下来的一番谈话必将影响甚至直接决定国家的未来，两人不由得放下酒杯，认真地倾听着老师们的对话。

王安石将杯中酒饮尽后才道："自太祖以降，

我朝之所以承平百余年，是因为太祖、太宗皇帝能够废除苛法暴政，对百姓仁爱有加；能够知人善任，使百官各司其职且承担起应有的职责；能够驾驭将帅，革除强横的藩镇与贪敛的官员。更是因为他们能够以身作则，勤于民生国政，戒绝荒淫颓靡。到了真宗、仁宗、英宗时代也能够秉持传统。因此，国家才能够长治久安。然而，一个人如果过于安逸而不思进取，那么便会不进反退。一个国家也是这样，承平日久，种种弊端便会慢慢显现，逐渐积累，最终积重难返。别的且不说，仅冗官、冗兵、冗费这三项，就使得朝廷日渐局促，甚至不堪重负。"

听到这里，司马光开始微微沉吟。虽然他的想法与王安石的见解一致，承平日久自然会使得诸多弊端无法得到及时的遏制，但是从王安石的话锋与语气中，他却感到隐隐的不安。自入仕以来，司马光便对国家的弊病满怀忧心，也曾经以锐身自任的姿态投入到变革当中去，但是梦中屈野河边战士的幽咽哀嚎与累累枯骨却时刻提醒着他，谨慎、忍耐与循序渐进比一腔热血和忘情投入更为重要。王安石的话历数先皇功业，却话锋急转，难道是要……司马光不敢再往下想了。

王安石察觉到司马光沉吟的态度，但是内心的执着却不允许他有任何的退缩，哪怕得不到老友的认可与理解，哪怕将朋友变为敌人，哪怕为后世史笔所贬抑。为了这个国家，为了亿兆生民百姓，为了心中的愿景能够实现，他都将奋勇前行。王安石顿了顿，接着说道："在江宁守制的这几年，所见所闻都不是安居庙堂者所能经历的。水灾旱灾，朝廷拿不出粮款救济，饿殍遍野，流民千里；与辽国、西夏作战，政令不一、将帅失责，朝廷也供应不起粮秣，致使战场失利，实在是令人痛心疾首。然而官员们却尸位素餐，亲贵们动辄靡费百万，兵卒虽有百万而无力御侮，这样不仅不能为国家分忧，反倒是增加朝廷的负担。范文正公曾说'先天下之忧而忧，后天下之乐而乐'，如今若我等不能思忧解困，将来怎有面目去面对往圣先贤呢？"

这一番话说得发自肺腑，也说得掷地有声，王安石面前的三人无不为之动容。司马光稍稍放松了锁紧的眉头，苏轼捏紧了酒杯，苏辙则不由得挪近细细倾听琢磨。随着一阵少有的静默，几人都从自己的沉思中清醒过来，司马光和王安石如对弈的棋手，都没有率先发言，反而是苏辙问道："介甫公，当此局面又当如何处置呢？"

王安石看了看司马光，平静地说道："变法。"司马光闻之顿时变了脸色，问道："以公之见，如何变法？"王安石说道："首在理财、整军。行青苗法，遇到灾荒则将粮食钱款贷给贫民，使民无饥馑之难；行募役法，贫者出力，富者出钱，使民无徭役之苦；行方田均税、农田水利法，丈量土地，清查隐瞒，鼓励开荒耕植，兴建水利，使国家仓廪充实；行市易、均输法，平抑物价，使豪强权贵无法渔利；行保甲法，裁撤老弱，精简士卒，使百姓不受侵扰而国家兵精将勇；行取士法，以经义、策论等实学取士，唯才是举，使国家官吏能够奉公守职。"

司马光的脸上已严肃起来，他意识到王安石的挚诚与热血已经开始遮掩住了理智，忘记了现实与理想之间遥远的距离。但是司马光还是抱有一丝希望，问道："依公所言，变法该如何实施？"

王安石当然明白司马光的意思，他还是坚定地说道："徐徐图之，如钝刀割肉，迁延时日，必然功败垂成。唯有快刀斩乱麻，多法并行，才能收效显著。如今国家弊病已在膏肓之间，只觉时不我待，切不可耽误。"

王安石的语气斩钉截铁，话音铮铮鼓荡。话音未落，就听啪的一声，只见司马光手中的酒杯颓然落地，随即是一声长叹。半晌，司马光才说道："介甫，我知道你为革除国家弊病内心焦急，可是此时更需静心涤虑才能深思远谋，不可过于操切。治大国犹烹小鲜，翻动过于频繁，则必然使鱼虾散碎。即便是良法善治也需要循序渐进，待有成效才能逐步推进实施。更何况是峻法严政，一旦施行，便如四散驽马，不可收拢遏止。到那时，才真正是悔之晚矣。况且变法之事，首要在得人，所用之人心不正则良法难行，意不专则乱政谋权。介甫离开朝廷日久，首先应凝聚人望，察举良才，待时机恰当，才德相符的人选齐备，才可以实行。"

王安石见司马光失望之余有些意兴索然，心中反倒不忍，说道："君实可还记得当年做谏官时所

　　王安石话音未落，就听啪的一声，只见司马光手中的酒杯颓然落地，随即是一声长叹。

上的'嘉祐三札'？洋洋洒洒两千余言，所指尽是冗官、冗兵、冗费的弊病。随后，我也上了'万言书'，力陈革新之事，与君不谋而合。怎么时过境迁，今日反倒如此相左了？"司马光缓缓说道："当年情势与今日不同，韩琦、富弼主政，皆是老成持重之人，吸取了庆历革新的教训，徐徐而动以求有所更化。当今新主即位，诸事皆不明朗，怎可轻言而冒进？"

司马光此时的语气已经充满了针锋相对的意味，而王安石则只道其中暗含讥讽，也沉下了脸，说道："原来如此，看来是错不在革新而在我，如我这般轻浮急躁之人怎能推行新政呢？"司马光脸上闪过一丝惊讶，他最担心的事情终于还是发生了，这位老友的脾气性格他最清楚不过，坚韧得近乎执拗，一旦认定便无转圜余地，于是赶紧说道："介甫，你知道我并无此意，所言皆是为了避免未经商酌便豁然施行新法。当年庆历新政也是力求新法新变，急促间施行，终因基础不牢、人心不固而失败，虽然没有伤及国家根本，却也丧失了本朝最好的更化时机，消磨了一代人的革新锐气。前车之鉴，教训已经是惨痛至极。历朝历代变法都是国家大事，不力求新变则国家不能前行，不谨而慎之则使国家衰亡，所以变法关乎的早已不是一人的荣辱得失，怎能轻言冒行呢？”

王安石听罢立即说道："君实，当年'庆历新政''嘉祐更化'咱们都曾听闻或亲历，我岂能不知其中厉害？君以为'庆历新政'失于冒进，我却以为是败于首鼠两端，犹豫不决。革新是国家大事，目的就是要革除近百年积累的弊端，岂能不使国家震动，奸佞悚惧？因为暂时的人心浮动而动摇了改革的决心，怎能推行新政？'庆历新政'的失败正是因为顾虑太甚、犹疑不决造成的。如君所言，今日之革新绝不能重蹈覆辙，重食苦果。"听到这里，司马光已经知道无法劝阻，对于未来的忧虑逐渐转化成内心的焦急，说道："介甫，切不可意气用事，一旦铸成大错就难以挽回了。"王安石此时也彻底放下心中的顾虑，几乎要拍案而起，一字一句地说道："天变不足畏，祖宗不足法，人言不足恤！"

司马光脸色大变，露出难以置信的表情，他想不到的是眼前这位老友竟已变得如此陌生。在惊异之后，一股强烈的愤怒油然而生，他的愤怒不是因为王安石说出这样不假思索的字句，而是在这字句之后所抱有的决心与固执使人恐惧。为了"变法"而变法，难道这才是眼前这个人真实的想法吗？

因为极度的震惊与愤怒，司马光抬起剧烈颤抖的手指着王安石说："说出如此高论，你就不怕诛心？"

王安石站起身来，倔强地说道："殒身不恤！"随即拱了拱手道："告辞！"

司马光站起身道："不送。"看着王安石转出院子，司马光颓然坐下。

苏轼与苏辙从始至终都没有参与到老师们的争论中，但是他们心中也都有了自己的想法。二人陪在司马光身旁，试图劝慰老师。好一会，司马光才慢慢止住愤怒，说道："子瞻、子由，介甫为人孤介又不善识人，试图厉行疾法，若再用人不当，只会使事情更加难以挽回。以后如果我也不能劝阻，你们还要多在介甫的身旁辅弼规谏。"苏轼与苏辙对望了一眼，心中感慨万千，向老师深深鞠躬以示承诺。

司马光送走苏轼、苏辙兄弟，一个人回到书房静坐。四月正是春夏季节更迭的时候，冷暖交替而风云流转，风一阵大过一阵，云也慢慢堆叠汇聚，天色暗沉下来，风雨也终将来到。司马光点起一盏孤灯，铺好了一张新纸，写下一句孔子的话："君子和而不同，小人同而不和。"突然一阵风吹来，灯火几乎被吹灭，摇曳之间，啪的一声，纸上的墨迹被打湿了一块，却不知是雨水还是泪滴。

二

"熙宁"是神宗所选定的第一个年号，"熙"意味着光明与振兴，"宁"则表示平稳与安宁，"熙宁"可以说灌注了神宗对于未来最深的期冀。然而，"熙宁"却并未给帝国带来宁静，反而是一连串的震荡与不安。

熙宁元年（1068）的年尾，接连的旱灾、洪灾与反复的地震似乎还没有完全撼动帝国的根基，韩琦、富弼、司马光接连出巡，平抑了灾情。西北的战事虽然没有大的起色，但是在攻守之间，总体态势也暂时平稳。可是在神宗的心中，这与他大治的理想抱负相去甚远，对于励精图治的渴望越来越热切了。

年末的汴梁城，市井街坊中的勾栏瓦舍与社火一派热闹的景象，唯有远处的宫城显得那么安静。宋朝宫城虽不如强汉与盛唐的规模宏大，但是格局精严，仍显得气象万千，而殿阁勾连、回廊曲折处更别有一番幽曲深远的意味。此时已是夜深时分，垂拱殿上的神宗皇帝还在不时地来回踱步，眉头微皱，但神色间却满是兴奋。前几日王安石再次呈上变法的奏章，深深激起这位少年天子埋藏在心底的雄心壮志。神宗近几日心中都在反复思量"革新变法"的事情，虽然王安石为他细致描绘了一幅完美图景，但是此事关系重大，左思右想仍然难以下定决心，他还需要向两人最后询问意见：一个是曾经主持"庆历新政"的宰辅富弼，另一个就是司马光。

大殿的门吱呀呀地打开，富弼受召前来。神宗道："富卿不日便要出知亳州，临行之前还望能再予谏议。"富弼怎不知神宗心意，他躬身行礼后说道："陛下，今年水旱灾害频发，京城与河北等地多次地震，虽然都已平抑，但是人心却日渐浮动。恐怕这是上天垂下的警示，还望陛下能够远离小人、亲近贤臣，这样才能使国家安宁。"神宗听了默默不语，因为这不是他所期望的回答。富弼看着在大殿上来回踱步的神宗，心中明白这位年轻的皇帝所思所想。他自然希望能够匡正得失，然而也清楚其实不论自己怎样劝谏，皇帝早已下定决心，有些事情已经无可挽回了。神宗走了几步，突然停住脚步，侧头问道："卿去后，谁可担任宰辅？"富弼答道："文彦博。"神宗随即再次沉默，过了半天终于又问道："卿以为王安石如何？"富弼却没有说话，他用沉默告诉神宗自己心中的答案。君臣二人相持良久，神宗才缓缓地说道："富卿先退下吧。"富弼缓缓走出，门外司马光已在等候，两人对望了一眼，富弼缓缓地摇了摇头，司马光的心也因之凉了半截。

司马光随即走入殿中，他却不待神宗发问，先行说道："陛下，臣以为富弼三朝为相，深孚众望，留在朝中可以稳固人心。此外，富弼为政持重，处事练达，当前国家正是多事之秋，更需要有正诚之人辅弼左右。怎可轻易外任呢？"神宗本待发问，却被司马光问了个措手不及，连忙说："我也曾多次挽留，无奈富卿执意要去，实在是无可劝阻。"司马光道："朝廷的宰辅譬如社稷的栋梁，非要大木不能承担，如果使用小材替换，纵然看似坚固也必然倾毁。汉高祖时，陈平很有智谋，王陵憨直，但是陈平却只能作为王陵的副手，不是因为他没有才干，只是因为他没有宰相的器度。其中道理还请陛下细细体味。"

神宗听了这话，知道司马光是要劝谏自己不要起用新政的支持者，但他的心意已决，问道："我知道卿与王安石一向友善，卿以为王安石为政如何？"司马光答道："最近我听说很多人把王安石比作奸邪之人，这样的评价恐怕并不合适。"神宗闻之顿时喜上眉梢，却不料司马光继续说道："为人正直却不懂得变通就是执拗，过于执拗便会歪曲事理，从而难以把握事情的根本。这样的人为政，就像给烈马套上破旧的车辕，一旦奔行起来车辕便会崩裂，最终车毁人亡。"

神宗只觉脊背发凉，竟然已经出了一身冷汗，王安石进京已经一年有余，早已提出变法的主张，自己之所以迟迟不能加以任用，正是担心这样的问题。稍稍镇定一些，神宗借机掩饰地问道："那卿以为吕惠卿如何？"司马光愕然道："切不可，此人巧言令色又善于奉承，以新政为晋升之道，亲附王安石，将来必然会祸乱国家。这样的人怎可付以权柄？"神宗笑道："卿言重了，我倒是以为吕惠卿还算是才思敏捷、识理明事。"司马光说道："历史上的奸佞之人哪个不是略有才华，只是用心不正？巧言令色者鲜有仁义道德，还请陛下详加体察。"神宗笑了笑，摆摆手道："我知道了，卿也请暂退，早些回去安歇吧。"

司马光从大殿内走了出来，远远地看到富弼还在等着他，便默默地走到跟前，也只是摇了摇头。两人转身离去，依旧是默默无言，渐渐消失在曲折的宫城回廊中。

很快富弼便离开了汴梁，司马光却留了下来。也许神宗需要一个与王安石同样坚定和执拗的人，站在变法的对立面，以最大的努力反对不切实际的空想，剔除潜在的问题。

熙宁二年（1069），王安石被正式任命为参知政事，熙宁变法也终于展开。王安石设制置三司条例司作为变法中枢，随即施行均输、青苗、农田水利诸法。由于条例司设置不善，用人不当，诸法施行又过于仓促死板，一时之间朝野内外群情汹汹。司马光立即上《体要疏》说明条例司设置的弊端，新司不仅不能使朝廷为政有体、治事有要，反而因为干涉各部官员的职责而造成许多混乱。此后，滕甫、郑獬、吕诲、范纯仁、苏辙等人因反对新法纷纷遭到贬谪，而吕惠卿、李定等钻营取巧之人却得到任用。

熙宁三年（1070），王安石拜相，推行保甲、免役法，同时撤销制置三司条例司，将其职能划归中书，进一步集中权力实行新法。司马光致书王安石，希望他能够暂缓推行新法，却被王安石以"道不同"拒绝。九月，司马光被任命为端明殿学士出知永兴军，实际上是被排挤出了朝廷。然而不屈的司马光还在做着最后的努力，在面辞神宗时，再次提出免除永兴军的青苗与免役钱，并且不要将陕西的民兵义勇发配到边疆作为正规军，神宗却没有给予明确的回复。接下来，最后的持重者，吕公著、赵抃、李常、孙觉、程颢等人也先后被贬谪。

隐晦不明的天色，让临行前的司马光失落至极。他望着汴河漾起的清波，心中也泛起了涟漪。还记得那年在这汴河岸边与范镇、庞之道道别，而今日故人已去，朋友同道也已风流云散。自己就要离去，那河边楼头的歌声早已换了曲调，哪还有人能来相送？

落寞间正要起航，远远听到有人呼喊着自己的名字，只见一骑快马赶来。临到岸边苏轼翻身下马，取出一壶酒，斟满酒杯，也不多言，一饮而尽。饮罢，躬身行礼，翻身上马而去。司马光将酒壶捧在手中，看着苏轼远去的身影，心中默默祈祷："愿君一切珍重。"

三

元丰元年（1078），司马光离开政治中心已有

落霞间正要起航，远远听到有人呼喊着自己的名字，只见一骑快马赶来。

七八年了。他潜居洛阳，所关心的除了不断变化的朝局与旧友的境遇外，便是手中的这部《资治通鉴》了。其实，就在司马光从永兴军改任洛阳后不久，《通鉴》书局就几近解散，原先负责编修的刘攽、刘恕都因为反对新政，或被贬黜泰州，或自请外任归养父母，离开了书局。剩下的范祖禹因为职小位卑，独木难支，只得写信向司马光求援，信中充满了焦急和不安，所言也尽是在书局失去了总纂的"庇佑"后，编纂工作举步维艰，陷于停滞。司马光只得将书局搬到洛阳，并邀请范祖禹继续修纂。倾力整顿后，书局的编纂总算渐有起色。

在此后几年中，司马光对《通鉴》编纂事无巨细，每一页书稿都要亲自修改校正，再派专人誊抄工整，很快书稿便堆满了书局的两间屋子，很多文稿也就只能带回独乐园读书堂中批改了。

九月的一天，秋意渐浓，天色朗润。独乐园读书堂前，司马光正从一摞摞书稿中抽出几卷，细细检点着书中文字。他的脸上露出了久未有过的喜乐与欣慰。许久，司马光方才站起身来，踱着步，端详着书稿，缓缓转到了范祖禹的身旁。司马光随手轻轻拍了一下还在埋头校书的范祖禹，说道："淳甫，你看这一段如何？"范祖禹接过书稿，读道："叙国家之兴衰，著生民之休戚，使观者自择其善恶得失，以为劝戒，非若《春秋》立褒贬之法、拨乱世反诸正也。"范祖禹一边读着，一边喃喃自语道："秉笔直书，不做过分评判；以史明道，使观者自己了悟——真是点明了我等修史的要义呀！"

司马光看着范祖禹真诚恳切的神色，微笑着说道："春秋笔法，微言大义，乃是历朝历代修史所推崇的精义。今日断然摒弃，你可知其中深意？"范祖禹茫然地摇了摇头，期待着答案。司马光捋着须髯，接着说道："当年刘恕在时，我们曾多次谈及此事。编修三国史事，当尊魏国正朔，还是当以蜀国为正朔？魏、晋接续，完成一统，而蜀国则继承了汉祚，尊其一端则毁其一端，商酌良久，也未能统一。后来，刘恕提出三国魏晋直到五代十国，纷争不断，如同春秋列国。如果贸然以华夷、强弱、德行来区分谁为正统，谁是僭伪，终究难以自圆其说，既淹没史事的真实，也难以探究兴衰治乱的根源，不仅难以明其大义，实则有损大义。"

范祖禹若有所思地点了点头。司马光狡黠一笑，说道："淳甫，你可知其中还另有深意吗？"范祖禹又茫然地摇了摇头。司马光说道："物之不齐，物之性也。天生万物，虽均以'道'作为内在规律，但是万物却始终千差万别；就如奔流山川与涓涓溪水，性格不同，但本源相通，最终也都会汇入汪洋。人事也是如此，看似相通，实则不同；看似不同，最终又会殊途同归。就如我与王介甫，虽有政争，但富国安民的志向相通，谁对谁错，终究难以论定，功过是非自然是留给后人评说。"范祖禹闻言豁然开朗，说道："相公之言至公至正，我等修史也不应有所偏私，史事方可为鉴。"司马光笑着点了点头，但是想起王安石，心中仍旧不免泛起微澜。殊途同归，真的可以吗？

正当司马光沉吟之际，范祖禹突然说道："近来也不见道原公（刘恕字道原）书信，不知他近况如何？"司马光听闻心头一紧，想起刘恕因编修之事而羸弱不堪的身形，心中便又多了几分忧虑。刘恕可以说是《通鉴》的首倡者之一。他认为自《史记》至《旧唐书》等正史，卷帙浩繁，穷其一生也难以遍览，而宋真宗时，王钦若等人编纂的《册府元龟》又只收录正史，忽略了对其他史籍的征引，现今唯独缺少一部既贯通古今、又简明扼要的通史。司马光立即采纳了刘恕的建议，上书英宗请求编修一部编年体史书《通志》。诏命很快下达，在崇文院设立书局，展开《通志》的编纂——后来神宗赐书名为"资治通鉴"。刘恕又推荐了刘攽，与范祖禹三人一起成为司马光编修《通鉴》最为得力的助手。

范祖禹侧着头，看着司马光又说道："记得道原公前年来书局，形容枯槁，相见时几乎不能辨识。恩公留他在洛阳小住，调养将息。而道原公却强支病体，拼力完成三国、两晋、南北朝长编。不到一年时间，身体还未恢复，又因母亲病重返回南康。临别时，恩公赠与衣物，却坚辞不受。倔强如此，真是令人担心。"范祖禹说着已经有些哽咽了。

司马光也有些泪眼模糊，拍着范祖禹的肩说道："道原贬谪边远，作酒税小吏，俸禄微薄，既要供养双亲，还要修书，怎么能支撑得下来呀？也难怪他羸弱消瘦若斯。"司马光边说边向范祖禹招了招手："来，来，淳甫，准备纸笔。恐是道原爱惜纸墨，不愿浪费在俗事上。他不来信，咱们就给他写信。"

范祖禹看着司马光重新打起精神，马上整理好纸墨，平铺整理好，又见天色已有些暗沉，便点起蜡烛来。司马光挽起衣袖，殷切之言便句句落于纸上。夜风吹过，已有些微凉，司马光正思量着最后的几句叮嘱之语，蜡烛却烧残了一角，蜡液滴下如同泪珠。烛花晃了晃，竟然熄灭。沉寂良久，范祖禹再次点亮蜡烛，灯火下，司马光的手却已经在微微颤抖。

信还没寄出，噩耗便已传来。刘恕归家路上，听说母亲故去，悲伤至极，竟至半身不遂。回到家中一边守孝，一边口述五代长编。书稿尚未完成，便抱憾而逝了。司马光乍闻噩耗，半晌不能言，摩挲着刘恕未完的书稿，默默地交给了范祖禹。

抉　择

　　对一个老人来说，时光总是缓慢而悠长，然而一旦回首，往事历历在目时，时间又飞也似的流走。元丰七年（1084），司马光已经六十六岁；去年在洛阳的耆英会上，文彦博、富弼都来了，苍髯老者们相谈甚欢，仿佛回到了青年时代。然而，不到半年时间，陪伴在司马光身边四十余年的妻子张氏最终离开了他。回首一生，未竟的事业还剩下多少，相近的亲友还剩几人，未来的路还剩多长，泪还有几行呢？

　　司马光向朝廷递交了《遗表》，为妻子撰写《叙清河郡君》，并给那个曾经的麟州判官夏倚寄去书信。司马光似乎已经在做着最后的告别。只是在书案前，还摆放着二百九十四卷《资治通鉴》以及各三十卷《考异》和《目录》，这是他近二十年的心血结晶，已基本完备，但还需要校改。司马光也不知道有生之年是否还能看到书稿刻印。他将笔投于书案之上，一个人默默走到园中。还是春光未尽的四月，现在却已是孤零零一人，他在西京洛阳整整度过了十五个年头。司马光还清楚地记得那年四月在开封等待王安石的情景，可那已经是多么久远的事了。本应是一场欢聚，最终却分道扬镳，检点时光才发现，历史已经走到了另一个方向。然而，这个方向既不是司马光所期望的，更不是王安石所规划的。是偶然，还是必然？谁的心中也没有明确的答案。独乐园中，只留下了司马光怏怏不乐的背影。

十五年前，王安石送走最后一个对手，可是新政却也变成脱缰的野马，逐渐失去控制。均输、青苗诸法在强有力的推行下，逐渐产生许多弊端，然而神宗与王安石却被充盈的府库迷惑，以为新法已有了成效，便开始投入更大的冒险。为了进一步充实仓廪，准备战争资源，熙宁五年（1072）又推行了市易、保马、方田均税法。在神宗与王安石的计划里，下一步的目标是西夏。司马光闻之立即上奏废除青苗、免役、保甲等新法，并请求朝廷不要轻率地拓土开疆，朝廷未置可否。讽刺的是，压垮新法的最后一根稻草并不是众多大臣的直言劝谏，而是现实中再次发生的灾难。

光州，这个司马光出生的地方，发生了一次严重的蝗旱灾害，庄稼颗粒无收，但是官府却在不断地催讨夏贷，使得本就赤贫的农民雪上加霜。熙宁七年（1074）的三月，在将近半年的旱灾过后，积攒下来的问题瞬间爆发，一时间流民千里，连开封城中都聚集了大量的灾民。曾因推行新政而担任过光州司法参军的郑侠目睹一切，将饥民的惨状绘成《流民图》，并写了《论新法进流民图疏》，在中书省不予接纳的情况下，冒着被处以极刑的风险，将图文伪装成边关急报，通过银台司直接呈交给神宗皇帝。

看着《流民图》上一个个悲惨的形象，这一夜神宗流尽伤心的泪水，也出离愤怒。他想不到自己的励精图治最终换来的是举国哀嚎，也想不到新政大臣们竟然把控了中书省，使自己根本无法看到真实的境况，完全被蒙蔽在了一团幻景当中。彻夜未眠的神宗皇帝第二天一早就发布了《责躬诏》，并暂时停止青苗、保甲、方田等新政。巧的是，不过三天之后大雨倾泻而下，缓解了旱灾。王安石在天怒人怨面前不得不上表请求罢免自己，回到江宁老家，但是同时又推荐了韩绛、吕惠卿等人继续推行新政。

然而，事情远没有结束。一年后王安石再次被任命为参知政事，重新执掌新政。但是这一次就连这位强硬的人也无法掌控局面。一年来继任执政的吕惠卿已经不再像当年一样顺从，在王安石复相后竟然以罢政的方式公然敌对，革新派分裂了。而曾经被王安石提拔起来的章惇、曾布、蔡卞、吕嘉问、蔡京、李定、邓绾、薛向等人，也都露出了投机钻营的本来面目。王安石伤透了心，他想念司马光、苏轼与苏辙，但执拗的人却不愿显露出任何的悲伤。熙宁九年（1076），王安石的儿子王雱病亡，心力交瘁的王安石再次辞去相位，回到江宁。很多人都说这是上天对于王安石的惩罚，而司马光却为之流下了泪水。

在随后的时间里，帝国蒙上一层暗沉的颜色，新政成了一个政治噱头，没有谁再真正为国家推动新法，也没有谁敢于提出推翻新政。大宋王朝就这样尴尬地站在了历史的分岔路口，犹豫不决，停滞不前。元丰四年（1081），神宗皇帝的精力早已被新政磋磨殆尽，但仍旧奋起最后的力量，决定分兵五路，以三十多万大军征伐西夏。宋军由于轻敌冒进，先胜后败，顿兵坚城之下又被截断粮道，最终损失兵将役夫近二十万。次年，又在边境修建永乐城，被西夏以三十万大军围困，宋军困守数月后城破，损伤将校百余人、兵卒役夫二十余万人。对西夏战争的失利，彻底宣告了新政的失败，所谓的富国强兵，便如镜花水月一般。在此之后，神宗皇帝也失去所有的力量，剩下的三年时间已经少有作为。

元丰八年（1085），神宗皇帝终于走完了他励精图治却又遭受挫败的一生。司马光闻讯悲痛欲绝，立即启程返回开封。还是离去时的汴河，依旧漾着青绿的水光，从这里离开，又回到这里。司马光坐着车朝着宫城驶去，两旁的街道上跪满了人群，哀哭声中司马光依稀听到了自己的名字，转头询问随从，回答是：百姓们都希望您能够留下，不要再返回洛阳，留在这里帮助朝廷抚恤百姓。这一次，司马光的泪水怎么也止不住了。

哲宗即位，由仁宗的皇后高氏听政。司马光留了下来，这位年仅九岁的天子重新燃起了他的希望，大宋的未来还充满着希望。司马光首先要做的便是将在新政期间不愿意阿附新政或敢于直言劝谏而遭受贬谪的人全部召回。司马光的举荐名单上罗列了一长串名字，其中包括范纯仁、苏轼、苏辙等人。第二件事是全面废除新法。在此后一年多的时间里，司马光将熙宁年间所推行的新法逐一废除。

在新法的废除过程中，司马光也遭受了不少阻力，其中部分阻力来自他的好友吕公著和曾经的学生范纯仁、苏轼、苏辙。苏轼曾多次劝谏老师，认为不论是青苗法还是保甲法都不应一时之间全部废弃，虽然其中存在诸多弊端，但是也不能否认有利国利民的一面，全面废弃只会适得其反。见老师固执己见、完全不采纳自己的意见，苏轼出得门来便气愤填膺地喊道："司马牛，司马牛。"很快这件事便被人悄悄地告诉了司马光，他却只是笑了笑，什么也没有说。他了解自己的学生，只是这位学生还缺少人生的历练，还不能理解自己的苦心。

司马光在案前慢慢地铺上一张信笺，他想将自己的心声告诉学生，写道："对于一个人的错误，只需要认真体会思过就可以了；对于一个国家的错误，则必须使用矫枉过正的方法，这是因为一群人的思想不像一个人的思想那样好统一，想使每一个人都认识到问题，就要使他们切身地感受到问题的严重性。在元丰年间，新法还在实施，但是人们其实已经不愿再继续推动了，就是因为大家产生了怀疑思想，最后新法没有见到成效而旧法也没有得到恢复，国家因此受到比熙宁年间更大的损害，人心也在趋利避害的过程中不复以往了。今天我顶住压力全面废除新法，并不是我不知道新法有好的一面，而是要革除人们内心中犹疑不决、首鼠两端的处事态度，让后来的为政者们能够明白，只有专心一志才能使国家强盛。也许今天我的所作所为会使你感到不解，将来后世也会因此而诟病我，但是现在我必须承担起责任。而且我已经老了，废除新法还有时间，想要改变种种弊端、重新推动新法却来不及了。我今天所做的就是为后来人扫清障碍，方今天子年幼，未来一定会成为有为之君，你们兄弟到那时便可有所作为，重开新法也为时不晚。子瞻，如果你能看到这封信，还希望你将它转给介甫。"

写毕，司马光将信笺细细地折好，然后静静地看着这封最后的信，他还没有想好是否要将信交给苏轼。渐渐平息了内心情感的波动，思索了一会，司马光将信夹到书中，轻轻叹了一口气。

一个月后，司马光开始着手废除免役法，远在江宁的王安石已在病中，听到这个消息失声道："难道连这项新法也要废除吗？我曾与先帝多次讨论，认为没有问题了才加以实施，在实施的过程中对国家只有利而没有弊，怎能如此草率，一概废弃呢？"看到自己毕生的心血以如此惨淡的方式结束，王安石支撑生命的最后一束火焰也熄灭了。

又是一个四月，夜色沉静，苏轼默默地走到司马光的住处，院中并没有什么人，只是书房亮着微弱的灯光，恩师正凭借灯光努力地辨认着每一个字。司马光看到苏轼前来，很是高兴，但看到学生微红的眼眶，心里却咯噔一下，似乎已经猜到了什么。苏轼告诉司马光，几日前王安石已经在江宁故去。司马光合上书卷转过头去，灯影下却看到一滴滴泪水沾湿了衣襟。沉默延续了很长时间，司马光才转过身，语气却异常平静，对苏轼说："恐怕介甫去后会有很多的人妄加非议。然而介甫的文章与节义却应当被世人铭记，以提振当今浮薄的风气。"苏轼鞠了一躬，转身离去。司马光从桌上的书中取出了那封未曾寄出的信，放到烛火上，看着信笺慢慢燃尽。也许这是这位坚强的固执者对于老友的祭奠吧。

数月后，九月初一，司马光也在洛阳逝世。临终前，司马光已经丧失了自我意识，但是口中所说、心中所念的还是天下事。司马光死后，哀荣无限，开封的人们都自发穿上了孝服为他举哀。朝廷也给予他最高的评价，谥曰"文正"。十月，《资治通鉴》获准在杭州镂版；六年后版成，印行于世。

司马光从桌上的书中取出了那封未曾寄出的信，放到烛火上，看着信笺慢慢燃尽。

司马光
生平简表

● ◎ **宋真宗天禧三年**（1019）

生于光州光山县。

● ◎ **宋仁宗天圣三年**（1025）

七岁。平日举止神情有如成人。听讲《左氏春秋》，即能明了其中大义；击瓮救友即发生于此时。

● ◎ **宋仁宗明道二年**（1033）

十五岁。补为郊社斋郎。

●◎宋仁宗景祐四年（1037）

十九岁。与张存女订婚。

●◎宋仁宗宝元元年（1038）

二十岁。举进士甲第。闻喜宴不戴花，经朋友劝解，才簪一花。娶张存女为妻。

●◎宋仁宗庆历四年（1044）

二十六岁。签书武成军判官，至延州。

●◎宋仁宗庆历七年（1047）

二十九岁。贝州兵变。作《上庞枢密论贝州事宜书》。

●◎宋仁宗皇祐三年（1051）

三十三岁。同知太常礼院，奏《论夏竦不当谥文正》等疏。

● ◎ 宋仁宗嘉祐二年（1057）

三十九岁。任并州通判，有屈野河之败。庞籍代司马光受过，改任青州知州。后司马光返回汴梁，任太常博士。

● ◎ 宋仁宗嘉祐六年（1061）

四十三岁。擢修起居注，五次推辞而不得免。七月同知谏院。八月与范镇、胡宿、王安石等主持科举考试，力排众议，拔擢苏轼、苏辙兄弟。

● ◎ 宋仁宗嘉祐八年（1063）

四十五岁。庞籍去世，撰《祭庞颍公文》《太子太保庞公墓志铭》，并为庞之道作《大理寺丞庞之道墓志铭》。此后，司马光以母事庞籍之妻，以兄弟待庞籍之子。

● ◎ 宋英宗治平元年（1064）

四十六岁。司马光在"濮议"中认为英宗应尊生父濮王为伯父。是年秋，西夏扰掠边庭，朝廷招募陕西义勇守备，司马光上《备边》《蓄积》《乞罢陕西义勇》等疏，但屡次申辩，终不能免，当年有十四万陕西农民充边。

● ◎ 宋神宗熙宁二年（1069）

五十一岁。任翰林学士、知制诰兼侍读学士、权知审官院。二月王安石任参知政事，设制置三司条例司，开始变法。司马光谏言不可任用吕惠卿等人，并推荐陈荐、苏轼为谏官。

● ◎ 宋神宗熙宁三年（1070）

五十二岁。作《与介甫书》，责备王安石贸然施行青苗法，与民争利。王安石复书反驳，对劝谏不予接纳。司马光上《奏弹王安石表》，不为所用，后以端明殿学士出知永兴军。

● ◎ 宋神宗熙宁六年（1073）

五十五岁。以端明殿学士兼翰林侍读学士判西京留台。居于西京洛阳，举荐儿子司马康为《资治通鉴》检阅文字，并建独乐园。

● ◎ 宋神宗熙宁九年（1076）

五十八岁。司马光居洛阳。王安石再次罢相，新政逐渐沦为党争之端。

● ○ 宋神宗元丰七年（1084）

六十六岁。十二月，《资治通鉴》完成。

● ○ 宋神宗元丰八年（1085）

六十七岁。宋神宗驾崩，哲宗即位，太皇太后高氏临朝听政。司马光返回汴梁，上奏《请更张新法》等疏，开始逐步罢免新法。

● ○ 宋哲宗元祐元年（1086）

六十八岁。四月，王安石病逝于金陵。九月，司马光病逝于洛阳。